U0870340

光明鸟
为理想而生

大家经典

钱穆先生

钱穆主持学生毕业礼，
大家都不穿学士袍

1953年新亚书院第一届毕业生，
钱穆坐前排中间

新亚书院时期留影

钱穆在台北寓所书房内

“钱宾四先生学术文化讲座”上，
84 岁高龄的钱穆依然神采飞扬

钱穆与夫人胡美琦女士

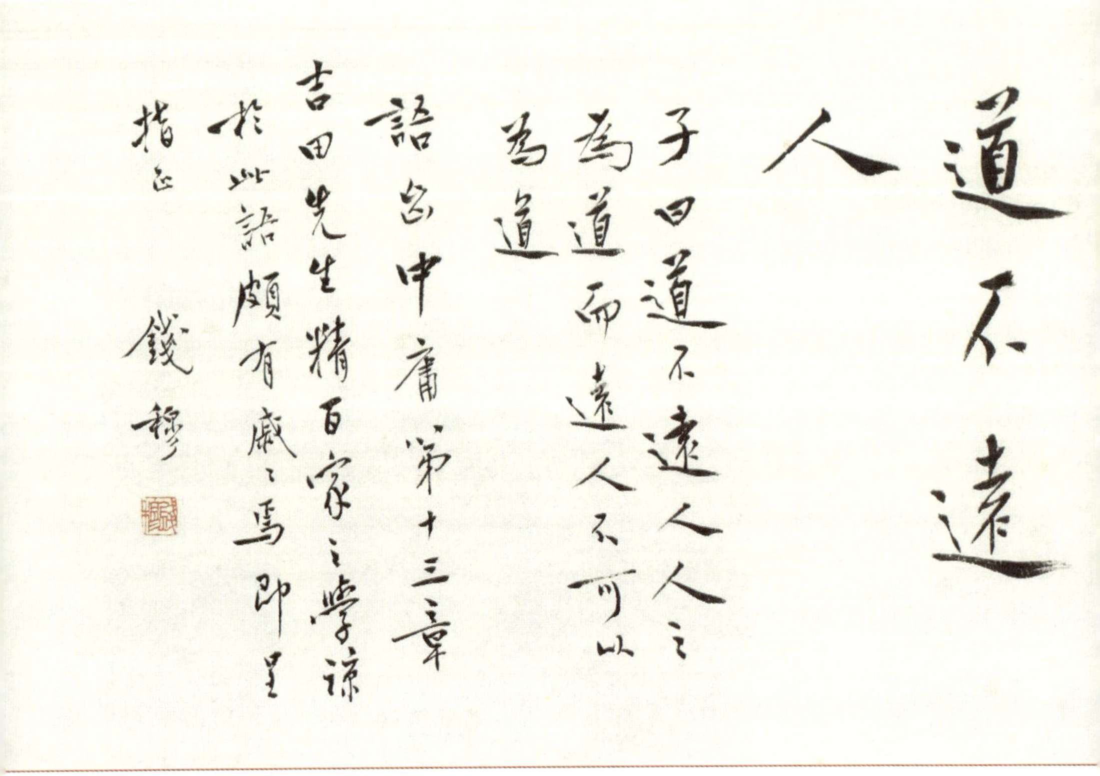
道不遠人
子曰道不遠人人之為道而遠人不可以為道
語出中庸第十三章
吉田先生精百家之學諒於此語頗有感焉即呈
指正 錢穆

钱穆手迹

钱穆的授课、演讲极受欢迎

钱穆身着长衫，儒雅温润

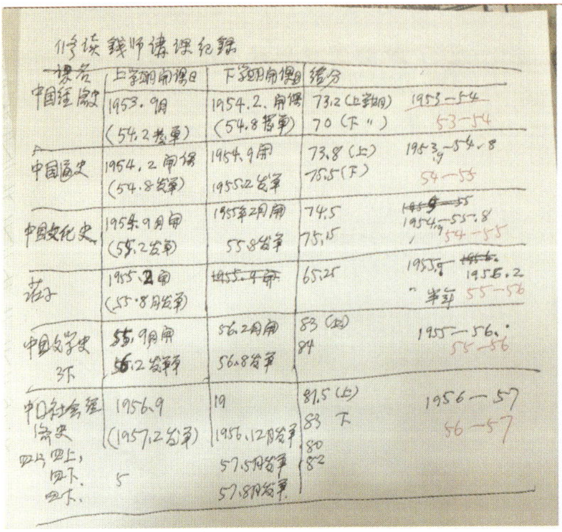

修读钱师讲课纪录

课名	上学期开课日	下学期开课日	绩分	
中国经济史	1953.9月（54.2结束）	1954.2.开课（54.8结束）	73.2（上学期）70（下"）	~~1953—54~~ 53—54
中国通史	1954.2开课（54.8结束）	1954.9开 1955.2结束	73.8（上）75.5（下）	1953.9—54.8 54—55
中国文化史	1954.9月开（55.2结束）	1955年2月开 55.8结束	74.5 75.15	~~1954—55~~ 1954.9—55.8 54—55
庄子	1955.2开（55.8月结束）	~~1955.9开~~	65.25	1955.9— ~~1956~~ 1956.2 半年 55—56
中国文学史 3下	55.9月开 56.2结束	56.2月开 56.8结束	83（上）84	1955—56. 55—56
中国社会经济史 四上，四下，四下	1956.9（1957.2结束） 5	19 1956.12月结束 57.5月结束 57.8月结束	81.5（上）83 下 80 82	1956—57 56—57

叶龙修习钱穆所开课程的记录

叶龙展示钱穆手迹

錢穆

学术文化九讲

钱穆 讲述　　叶龙 记录整理

天地出版社 | TIANDI PRESS

图书在版编目（CIP）数据

钱穆学术文化九讲 / 钱穆讲述；叶龙记录整理 .—
成都：天地出版社，2017.10
ISBN 978-7-5455-2832-9

Ⅰ.①钱… Ⅱ.①钱… ②叶… Ⅲ.①文史—中国—
文集 Ⅳ.① C53

中国版本图书馆 CIP 数据核字（2017）第 179453 号

钱穆学术文化九讲

出品人	杨　政
讲　　述	钱　穆
记录整理	叶　龙
责任编辑	杨永龙　朱迪婧
装帧设计	蒋宏工作室
责任印制	葛红梅
出版发行	天地出版社 （成都市槐树街2号　邮政编码：610014）
网　　址	http://www.tiandiph.com http://www.天地出版社.com
电子邮箱	tiandicbs@vip.163.com
经　　销	新华文轩出版传媒股份有限公司
印　　刷	三河市华业印务有限公司
版　　次	2017年10月第1版
印　　次	2017年10月第1次印刷
成品尺寸	155mm × 220mm　1/16
印　　张	16.5
字　　数	145千
定　　价	39.00元
书　　号	ISBN 978-7-5455-2832-9

咨询电话：（028）87734639（总编室）
购书热线：（010）67693207（市场部）

本版图书凡印刷、装订错误，可及时向我社发行部调换

目录

序

钱师宾四先生这本讲演集一共收录九篇讲演稿。

《中国儒学与文化传统》和《中国散文与中国文学史》是钱师在新亚书院所作学术专题演讲。当时每有钱师讲座，从校内外赶来的听讲者为数甚众，不及钱师到场，教室已被听讲者填满，以至于钱师每每须拨开人群辟出一条通道，方能走上讲台。足见钱师讲学之盛况。

二十世纪五十年代，钱师在书院大学部开设多门课程，包括讲庄子、讲秦汉史以及中国通史等。《秦汉政治得失》和《〈庄子〉导读》即为我当年选修“庄子”和“秦汉史”课程时所做笔录。

《魏晋南北朝思想文化综述》是钱师为香港大学校外课程所讲，一共有四讲，时间在二十世纪六十年代初。

又，二十世纪六十年代初香港孟氏教育基金会曾邀请钱师作历史专题系列讲演，共八次，《中国经济史的特点和研究方法》即是其中之一。当时由我为诸次讲演做笔录。《中国文化史研究的意义与方法》和《中国学术传统的精神》同出于上述系列讲演。本次选辑钱师讲演集，也一并选入，以充实之，方便读者了解钱师治学旨趣。

在香港之外地区所讲则是《中国历史上的人物》一篇，是钱师在台湾的台南成功大学所讲。当年成功大学初设历史系，钱师应罗校长之邀，讲了一系列历史专题，上题即是其中之一，当时一共是四讲，此处仅选录其一。

九篇讲演，字数已过十万。足以成册。

我早年亲炙于钱师门下，受益无数，深慕钱师学问及做人，亦以弘扬钱师学术思想为志愿。早前我已将钱师在二十世纪五十年代的讲稿《中国经济史》交由香港一出版机构出版，简体字版亦于2014年由北京后浪出版公司出版。之后，我继续整理钱师《中国文学史》和《中国通史》两部讲稿，其简体字版由新华文轩（天地出版社）先后出版。两书甫出，即备受各界读者关注，此亦在意料之中。本书则专从学术文化角度选辑钱师早期讲演，以期令读者对钱师之学问有一感性直观之了解，亦可偿钱师传扬学术思想于内地之夙愿。

《深圳商报》读书周刊主编刘悠扬女士为本书的出版多次来港联络，出谋划策，在此向她表示万分谢意。

我已入耄耋之年，体力时有不济，唯承继吾师传播、护卫吾国文化精粹之遗志片刻不敢有所懈怠。全书如有疏误，当由我负责，祈读者不吝赐正，即一字之改错，亦吾师也。

是为序。

叶　龙

2017 年 2 月 8 日于香港青衣寓庐

中国儒家与文化传统

讲到中国文化，便会联想到儒家学术。儒学为中国文化主要骨干，谁也会承认。但现有两个问题须讨论者，其一为儒学之内容，即儒家学术究竟是什么；其二为中国文化中其地位之比重究竟如何。

吾人对此二问题当以客观的历史事实作说明。因此本讲范围乃系有关中国文化中之中国学术史部分。而在学术史中，又专就儒学史为本讲之题材者，唯如此讲法已嫌范围过宽，又且中国儒学史一题，亦向未有人来对此做过系统之研寻。

本讲演则可谓对此问题作一开头，但所讲范围牵涉已甚广。又属开始探寻，自有许多观点，既是一向无人提出讨论，在此讲座中只是把此许多观点提出，并无定论可言，以待此后继续有人就此纲要而探讨，再隔些时可有一部中国儒学史出现。这却是一项饶有意义与价值的事。

要讲儒学内容，必须讲到儒学史。此即中国儒学之演变历程。

历史上任何事物，传递久远的，必有其一番演变历程。儒学自孔子以来流传迄今，已逾两千五百年，自然有许多演变历程可讲。

要讲演变历程，必先划分时期。此下将儒家演变姑试划分为六个时期。

关于儒家之第一期，即儒学之创始期，此在先秦时代。自孔子起，下及孟子、荀子，以及其他同时代儒者均属之。

此一时期百家争鸣，儒家不仅最先起，而且亦最盛行。《韩非子·显学》说："世之显学，儒、墨也。"又说："儒分为八，墨分为三。"可见当时儒学之盛，亦可见在中国学术史上，儒学一开始便已与众不同，值得我们之注意了。

接着儒学之第二期，此为两汉儒学。我姑名之为儒学之"奠定期"。也可说，儒学自先秦创始，到两汉而确立，奠定了此下的基础。

有人说先秦学术至汉代已中断，或说自汉武帝表彰六经，罢黜百家，而儒学定于一尊。此两说均有非是，其实儒家在晚周及汉初一段时间内，已将先秦多家学说，吸收融会，共冶一炉，有意组成一新系统。故说先秦各家学说，到秦代统一已中断，并对此后历史无影响无作用者，实是一种无据臆说。至谓汉后学术定于一尊，此说之非，待之后再提。

今讲两汉儒学，亦可说此时代之儒学实即是经学。只读《史记》《汉书》中之《儒林传》，便知凡属儒林，都是些经学家。而凡属经生，也都入《儒林传》，此下二十四史中，凡有《儒林传》的，莫弗如此。故说经学即儒学，此说乃根据历史，无可否认，而尤其在两汉时为然。我们也可说中国儒家则必通经学，不通经学则不得为儒家。如此说之，绝不为过。

现在试问，为何儒家则必通经学呢？此即就先秦儒家言，如孔、孟、荀诸人，他们所讲，即多是《诗》《书》《礼》《乐》，属于所谓经学范围，两汉承孔、孟以下，续此一传统，故成经学即是儒学了。

其次论到两汉儒学对当时之贡献与作用。我们当说两汉时代一切政治制度、社会风气、教育方法及私人修养等，种种大纲大节，无一非根据经学而来，故可说两汉经学实对此下中国文化传统有巨大之影响与贡献，此层实在无可怀疑。唯涉及经学内容处，已非本讲范围，今姑不论。

兹再说及儒学之第三期，此指魏晋南北朝时期言，我姑将名之为儒学之“扩大期”。有人听我此说，或将觉得奇怪，因大家习知魏晋南北朝人崇尚清谈，老庄玄学盛行，同时佛学传入，儒家在此时期，特见衰微，何以反说它为儒学之扩大期？

诸位当知，我此所说，亦以历史事实作根据，一辈讲历史的，不免忽视了魏晋南北时期之文化演进，而只把政治形态来衡量全时代，而误认为此一时若无文化学术可言。其实此一时代之儒学，虽不能如佛学、玄学之盛，而较之两汉儒学，亦非全无演进可言。

首先且说此下的《十三经注疏》，此属中国经学上之一大结集。而《十三经注疏》中，成于此一时代人之手者却已占了一半。如《易》之为魏王弼注，《论语》之为魏何晏集解，《左传》之为晋杜预集解，《谷梁》之为晋范宁集解，《尔雅》之为晋郭璞注。至于《尚书》孔安国传，至今称之为“伪孔传”，实非出于西汉时代之孔安国，而系出魏晋时人所伪托。其作伪者，或说是王肃，亦有人说乃东晋时另有人名孔安国者为《尚书》作传。无论其究竟如何，《尚书》伪孔传成于此一时代人之手，则殆无疑义。故全部十三经注中，由魏晋人作注者十占其六。且《尚书》有伪古文，在此下中国学术史上影响亦大，乃亦为魏晋时人所伪作，则此一时代人之经学，其与汉儒相较，得失如何暂不论，而其对此下儒学之影响，则断不该轻视可知。

并在此一时代之经学中，又特创有义疏之学，惜至今都不传，仅有皇侃《论语义疏》一部，此书在中国亡佚已久，清代始由日本得回。我们略可窥见此一时代人所谓义疏之学之一斑。而唐初孔颖达、贾公彦等作《五经正义》，即是根据此一时代人之材料而递嬗作成者。故一部《十三经注疏》，注之部分，魏晋南北朝所作已占其一半，而疏却占了十之八九。

又如陆德明《经典释文》一书，其书创始于陈代，成书在未入隋之前。其所运用之材料，亦多出于此一时代人之功绩。

根据上述，可见此一时代人致力经学的实不在少数，而且影响于后代者亦大。

我们在今日如有意再研究经学，首先仍须透过此一时代人之经学，亦属至为明显之事。如此则何能谓此一时代乃无经学或儒学可言？

我们且试一翻《隋书·经籍志》，就其所载此一时代人对六经有关之著作之部数与卷数作一统计如下：

经籍名称	《易》	《尚书》	《诗》	《礼》	《乐》	《春秋》
现存著作部数	69	32	39	136	42	97
现存著作卷数	551	247	442	1622	142	983
连亡佚者在内之部数	94	41	76	211	46	130
连亡佚者在内之卷数	829	296	683	2186	263	1192

上表所载现存云云，乃指在作《隋书·经籍志》时所现存者，此等著作在今言之，则可能已大部分亡佚，所存无几。然只观上表，亦可见此一时期之经学，即论其著作数量，亦已惊人。今若即以著作数量之多寡，来作为衡量当时人对经学中某一部门之重视与否之标准，则知此时代人在经学中最重《礼》，次为《春秋》，《易》则居第三位，《诗》《书》分别占第四位、第五位。此一简单之统计，实可揭发出当时人对经学分别轻重之重大意义所在。尤其在南北朝时，经学已分为南学与北学，南北所重亦多有不同。

北人研究主要重在《周官》一书，《周官》虽是一部战国人作品，然其书提出一种理想的政治制度，乃中国古代的一部乌托邦。

由于北方政治实况不上轨道，故一辈经生尤其集中钻研《周官》，俾能据以改进当时政治之实际措施。

苏绰与卢辩两人相交甚笃，同有志于作《周官》研究。其后苏绰上了政治舞台，北周一代政制规模皆其所创建。直至隋唐仍因袭此一传统，重开中国历史上之光昌盛运。卢辩为一纯学者，彼曾作《周官注》，与苏绰同样甚受当时及后世之推重。

又如北齐有熊安生，为当时北方经学大师。北周灭北齐，熊氏知周君必来相访，命童仆洒扫户庭以待，翌晨果如所言。

昔拿破仑征德国，歌德以在路旁一睹拿翁风采为荣。比之中国熊氏故事，岂可同日而语！

正因熊安生为当时讲《周官》之权威，而《周官》乃当时北方经学所重。北周即凭《周官》建制，故熊氏亦必知北周君必来相访也。

我们单凭此一则轶事，便可想知当时北方政府之重视经学，亦可见经学对当时政治上之实际贡献了。

至论南人所重，则尤在“丧服”一门。尤其是宋初[1]雷次宗，为当时丧服大师，与郑玄同名一时，有“雷郑”之称，正因当时门第制度鼎盛，而此一时代之

---

1 编按：指南朝刘宋（420—479）。

按语共分三种：“钱按”为钱穆先生当时所解释；叶龙按语均作“叶按”；编者所加注释均作“编按”。下同。

门第制度，实为当时中国文化命脉所寄。而所赖以维系此门第制度者，《礼》之《丧服》尤占重要地位。

唐以后门第制度渐坏。此一门学问，逐渐不为后人所重，然在唐代则门第制度尚存在。故杜佑《通典》中所载，此一时代人所讲《丧服》之要点，保留尚甚多。

由于上述，可见魏晋南北朝人讲经学，其对当时时代之贡献亦甚大。实与两汉儒生之通经致用事无二致。虽在此时期中，甚多人讲究出世之佛学或讲老庄玄学，但论中国文化存亡绝续之命脉所系，则可谓主要仍在此辈儒生手中。

若果如一般人想象，魏晋南北朝人四百年来只读老庄玄学，只讲佛学出世，则试问如何能缵续中国文化遗绪以下开隋唐之盛？

故知南北朝时期，儒学基础实未破坏，而斡旋世运以贞下而起元者，亦端赖于此。此均有历史记载做证，诸位披检自知，不复详述。

然我今天所以说魏晋南北朝为儒学之扩大期者，其重点尚不在此。我以为魏晋南北朝人讲儒学，已不专于经学一门，而又能兼及史学方面来。

史学实为经学之一部分，如《尚书》《左传》均当属史学范围，唐刘知几作《史通》，分疏史书体例，即分《尚书》《左传》两大传统说下。

我们若进一步言之，亦可说孔子之学本即是史学。

孔子尝曰："甚矣，吾衰也，久矣！吾不复梦见周公。"又曰："吾非生而知之者，好古敏以求之者也。"又曰："周监于二代，郁郁乎文哉！吾从周。"《论语》上如此一类话尚多，可见孔子所学，也即是在孔子当时的历史。

孔门由于其所讲习之《诗》《书》《礼》《乐》，其与历史实无严格之界限，故后人所谓"六经皆史"，实可从种种说法证成其说。下到汉武帝时，董仲舒提出复古更化之主张，其意即主不再近效秦代，而须上溯六经。更可见汉儒治经只是通史。若汉儒不治经，试问更何从上知三代？故汉儒之提倡经学，无异即是提倡史学，亦可不辩自明了。

其次论到当时经学上所有今古文之争，在刘歆当时所提出的古文诸经，如《左传》《周官》、逸《礼》《毛诗》四者，更见是偏重在史的方面去。

《左传》之为史，固不必论。至于《周官》，当时人目之为周公致太平之书，其书中所载一切政治制度，当时人认为是古代真实的历史。

《毛诗》各诗之首有序，自亦属于历史性质，较之如今传《韩诗外传》等，岂不见《毛诗》的历史性更重了。故在汉代，由今文经学扩及古文经学，实是经学中之历史性愈趋浓重之证。

其事至东汉而趋势益显，即是在经学中根据古代史实的趋势，益胜过了凭空阐发义理的趋势。郑玄括囊大典，偏重早已在此方面，而王肃继起，显然更成为一史学家，杜预作《春秋左氏集解》，亦显然偏重在史学，故可说经学即史学，史学亦即经学，二者间本难作严格的分别，亦可说自经学中分出一支而成为史学。

史学乃经学之旁支。如《史记·太史公自序》，彼即以孔子作《春秋》之精神而来写《史记》。直至班固《汉书·艺文志》亦将《史记》列入六艺略中之春秋门。可见在当时人观念中，经学即包有史学，亦可说当时尚无史学独立的观念。

故班固作《汉书》，批评司马迁《史记》未能完全一本儒家之系统而立说。此项批评，其当否且勿论，然班氏之作《汉书》，其自负仍为一本儒学可知。则马、班史学渊源，皆从儒家经学来，当无可疑。

自子长、孟坚[1]以后，史学特受重视。新史籍接踵

1 编按：子长、孟坚即司马迁和班固。

繁兴，下至三国魏时，荀勖将古今著作分成甲、乙、丙、丁四大类，经学列甲类，文学为乙类，历史则为丙类，至是而史学已成一独立部门。更下至《隋书·经籍志》，经学仍列甲部，而史学改列乙部，斯其益受重视可知。其时著名之史籍，如南朝宋范晔之《东汉书》及晋陈寿之《三国志》，皆列正史，并与马、班两家《史》《汉》齐称为“四史”。其他知名史学家与史书，如荀悦之《前汉纪》及袁宏之《后汉纪》更为出名。

又如《宋书》《南齐书》《魏书》等，均为此一时期人所撰。

《隋书·经籍志》史学部门所收共分了三十类，再统计其所收经史两类书籍之卷本总数作一比较，计经书有六百二十七部，五千三百七十一卷，连亡佚，则为九百五十部，七千二百九十卷。史书共八百一十七部，一万三千二百六十四卷，连亡佚共有八百七十四部，一万六千五百五十八卷。两相比较，知此一时期之史学著作之卷帙总数，已超过经学卷帙一倍以上。而上述经学著述中，其承袭汉以前人所遗下者为数甚巨。史书则多为东汉魏晋以下人之所新撰。即可知当时在史学方面一种突飞猛进之成绩，实至可惊。

而史学实即儒学。此因经学即儒学，而史学又即经学，故可谓史学即儒学也。

在此尤其值得提起者，则为隋末大儒文中子王通，此人虽已在南北朝之后，然在此不妨兼述。他曾有意续经，如取汉以下人奏议、诏令之佳者编为《尚书》之续，称“续书”。又取汉以下人之诗赋，择其有关时代与足资教训者，集而成“续诗”。后人或讥其狂妄，其实，六经皆史，自清儒章学诚抉发其精义，至今可谓已成定论。反言之，则史即是经。经史既难严格划分，则王通的观点，把今日目光来作衡量，殊亦无可厚非，只由国人尊重经籍之心理，沦浃已深，牢不可拔。而王通径取“续经”之名，引来后人之争辩。今欲阐明经史同源之义，则王通见解正可用来做证。而王通河汾讲学，对此下隋唐盛运重开之影响，亦是尽人皆知，不烦多及了。

今再就史学内容言儒家学术，主要本在“修齐治平”，人事实务方面。而史学家所讲，主要亦不出治道隆污与人物贤奸之两途。前者即属“治平”之道，后者则为“修齐”之学。只需取老、庄、申、韩书与《论语》《孟》《荀》并看，便知其间之异同。故谓儒学演变出后世的史学来。其余诸家唯墨家尚要引些古史做证，老、庄、申、韩著书，他们即全不重视史实。试问史学家除却治道隆污、人物贤奸外，更有何事可讲？如照先秦道、墨、法诸家意见，又如何能演变出史学？故谓史学即是儒学，其说亦至明显。

我们看司马迁、班固、范晔、陈寿、荀悦、袁宏诸史家，依照先秦学派，把他们分别归入，则大体上自当归属于儒家无疑。最多只可说他们中有的不得为醇儒，最多也只可说他们在儒学中地位不高，只是游、夏文学一途，然岂不已在孔门四科之内吗？

而且我们也绝不能说《史》《汉》的价值，还不如公、谷之传《春秋》呀！

至于此一时期之史学书，甚多经乱失亡，也不能因此便谓其无价值。即如两汉十四博士各经章句，岂非全部沦亡了？但我们并不能因此说两汉经学不值重视，何况魏晋南北朝史学书之流传还远多过两汉各经章句，因此我说，魏晋南北朝时期为儒学之扩大期，正因其于经学外，又增进了史学。从此以后，经、史常并称齐举，并有了“经史之学”一名称，历代大儒，则罕有不兼通经史者。即就此一节言，魏晋南北朝时期，儒学依然极盛，其贡献于当时及后世者亦极大，可不再多论了。

下面述及儒学之第四期，即唐代儒学，我姑亦再为特起一名称，谓之为儒学之“转进期”。

唐代的经史之学，均盛在初唐时期，均系承受魏晋南北朝人之遗产而来。我们也可说，隋唐盛运，早在南北朝晚期培育，而学术也不例外。

经学上最著者，如陆德明《经典释文》、孔颖达等之《五经正义》，而后者尤为经学上一大结集，后来遂络续增成为《十三经注疏》。但一则盛极难继，二则《五经正义》作为此下科举制艺之准绳，功令所限，更使此后唐人在经学上少有新创。

至论史学著述，如《晋书》《梁书》《陈书》《北齐书》《周书》《隋书》《南史》《北史》等，皆为唐初时代人所撰。唯此前人写史，自马、班以来，皆系一人独撰，自唐始有集体编撰之例。然此不即是史学之一进步。且唐人著史，主要亦不出承袭魏晋南北朝人遗绪，并不见对前一时代之史学有进展。而且史学亦如经学般，中唐以后，即不见有初唐之盛况。

但唐代儒学于经史之学以外，却另有一番转进，我此所讲转进，与前时期之所谓扩大稍有别。

据我所见，唐代儒学之新贡献，却在其能把儒学与文学汇合，从此于经史之学之外，儒学范围内又包进了文学一门。这是一值得特别阐发之事。本来经学中，原有文学成分，如《诗经》便是。且群经诸史，不能不说它们都有绝高绝大的文学价值。但就古人观念言，则似乎并无文学独立的观念。而且文学与儒家，开始亦似乎并无一种密切相关之联系。即如《楚辞》作者屈原，本非一儒家，只其所作《楚辞》《离骚》，内容却有与儒家暗合处。但在当时则断不能说《楚辞》即是一种儒家文学。

下逮汉人，以赋名者如司马相如、扬雄之徒，凡以文名者，明明是与儒分立，故班氏《艺文志》除六艺略之外，别有诗赋略，显然与司马迁《史记》被列入《春秋》家之例不同。

扬雄本效相如作赋，心中有意作一辞赋家，晚而悔之，却谓辞赋只是雕虫小技，壮夫所不为。彼云："诗人之赋丽以则，辞人之赋丽以淫。如孔氏之门用赋，则贾谊升堂，相如入室矣！但如其不用何？"则扬子云亦明明指出文学与儒学之分途，走不同轨辙了。故在其转变思想以后，遂改从文学进入儒学，而模仿《论语》作《法言》，模仿《易经》作《太玄》。从此一例可见，在两汉人心中，唯经学始是儒学，而辞赋家言则另是一套，与儒学不相涉。故范晔《后汉书》，于《儒林传》之外，又增设《文苑传》，可证文苑与儒林有别，即是在范晔当时，儒学中仍未包有文学之好证。

至于对文学提出其独立之价值者，应自东汉末建安时代开始。魏文帝曹丕之《典论·论文》有云：“文章，经国之大业，不朽之盛事。年寿有时而尽，荣乐止乎其身，二者必至之常期，未若文章之无穷。”纯文学之独立价值之提出，当推始于此。然曹氏父子及建安诸子，断不能归入儒家。

此后梁昭明太子之《文选》，亦循建安路线，提倡纯文学，力求与经史分途。其时如陶渊明诗，亦如屈原《楚辞》《离骚》之例，只可谓其与儒家有暗合，却非有意把文学来纳入儒学中。根据上述，故说文学与儒学本非一途。专从儒学中亦推衍不出文学来，至以文学来汇通于儒学者，乃自唐代人开始。韩愈诗云：“国朝盛文章，子昂始高蹈。”唐诗人自陈子昂之后有李太白，此两人均有意上本《诗经》来开唐代文学之新运。

但此两人在唐代文学之复古运动中仍未能达到明朗化，或说确切化。即所谓汇通儒学与文学之运动，即纳文学于儒学中之运动，其事须到杜甫而始臻完成。故杜甫之诗被称为“诗史”，而杜甫其人亦被称为“诗圣”。

杜甫诗之表现，同时亦即一种儒学之表现，故说真要到杜甫诗里，才能将儒学文学汇纳归一。换言之，即把儒学来作文学之灵魂。此一运动，到韩愈又进一步，韩愈之古文运动，乃将儒学与散体文学之合一化。韩愈散体文之真价值，一面是能将魏晋以下之纯文学观念融入其散体文，一面又能将孔孟儒学融入其散体文，此是韩愈在文学史上一大贡献，亦是在儒学史上之大贡献。故韩氏自述其作文功夫，谓“当行之乎仁义之途，游之乎《诗》《书》之源”。又谓其“好古之文，乃由好古之道”。后人称其“约六经以为文，约《风》《骚》以成诗”。若明白阐述，即把文学与儒学挽归一途。论其文之内容，实莫非是儒家言，其集中如《原道》《谏迎佛骨表》等诸文固可不论，其实就《韩愈集》中随手拈任何一篇文字，固可谓无不根据儒学而立言，可谓无一非融摄孔孟之道以立言者。

故自唐代始，自杜诗韩文始，儒学复进入了文学之新园地。因此以后必须灌入儒家思想，才始是大文章。此一新观点，实为以前所未有，必至此而后，经学、史学与文学，遂均成为寄托儒家学说、发挥儒家学说之工具。

于是四部中之集部，亦遂为儒学所包容了。故我特称唐代为儒学之“转进期”者，其意即在此。

此下再讲到儒学之第五期，即宋元明时代，我将称之为儒学之“综汇期与别出期”。

此当分两方面言：一说其综汇，乃指其综合汇通两汉魏晋南北朝，下迄隋唐之经史文学，以为儒学之发挥一面而言。此方面之代表人物可举欧阳修为例。欧阳氏文宗昌黎，可谓是粹然儒家言。我们固可说欧阳氏乃一文学家，同时亦可说其是一史学家与经学家，但欧阳氏乃一大儒则无可异议。北宋诸儒，大体全如此，他们都能在经学、文学、史学三方面兼通汇合，创造出宋儒的一套新面目来，其间所有差别，则不过于三者之间，有所畸重畸轻、有所偏长偏短而已。

如王荆公偏长在经学，司马温公偏重在史学。荆公可说是一经学家，为儒家中之理想派，主要在讲六经、三代，崇奉上古史。温公可说是一史学家，为儒家中之经验派，主要在讲汉唐中古史。北宋的新旧党争，纯就儒家立场言，亦可说是一种经学、史学之争。故荆公执政时，大学诸生便群趋于研究经学；迨司马温公上台，大学诸生又转而注重史学。此一种学风动荡，直到南宋尚受波及。

其次说到如二程洛学，他们趋近于经学派，如苏东坡，则较近于史学派。但严格言之，则苏氏父子在当时及后代均不目之为醇儒，即就他们的文章看，其中颇多杂有纵横家言、老庄道家言。

在司马温公以后之洛、蜀、朔三党分歧，若我们纯从学术立场上面来看，则大体当如我此上之所指。因此三派间，其学术立场本自有不同，并不即就地区分党派也。

以上是说了北宋诸儒在综汇经、史、文学而成其为儒学之一面，但在另一方面，则别有一种新儒家出现，我姑称之为“别出儒”，以分别于上述之“综汇儒”。如周濂溪、张横渠、程明道与程伊川诸儒皆是。他们与综汇诸儒之所异，一面是宋代诸儒不喜欢作诗文，似乎颇轻视文学；另一面似乎亦不大注意谈史学。即在经学方面，虽不见其菲薄六经，但自两汉以下诸儒治经功绩，在彼辈皆不甚重视。他们之所学所创，后人称之为“理学”。

我今乃就两汉以下之儒学大传统言，故说宋代理学诸儒，乃系儒学中之别出派。亦可说宋代理学诸儒与两汉以下儒学传统不同处即在此。然此亦不宜过分作严格之划分。

即如周濂溪《通书》，实源自《中庸》；其《太极图说》则根植于《易经》。横渠之学，亦以《易》为宗，以《中庸》为体，其于六经中《礼》之一部分尤所特重。其所作《西铭》，二程尝以之与《大学》同时开示学者。程子尝言:“《西铭》此文，我虽有此意，惜无此笔力。”可见别出诸儒，亦未尝不看到文章之重要。明道在荆公行新法时，曾有《上神宗皇帝陈治法十事疏》[1]，可见明道亦未尝不注重历史往事与治平实绩。而伊川则穷其毕生精力，著为《易传》。可见宋儒中别出一派，亦未尝不于儒学传统中的经学、史学与文学同时注意。唯彼等之目光，更着重在与当时之方外道、释争衡，其对两汉以来儒学旧传统，比较不如其对此下儒学开新方面之更值得重视而已。故彼等意见，认为超乎此传统的经学、史学与文学之上，尚另有一番甚深义理当阐发，因此遂成为理学，亦称“道学”，今人则又称之为“义理之学”。

元人修《宋史》，特为立《道学传》，以示别于《儒林传》，后人多滋非议，其实在当时人观念中，则经史诸儒之于理学新儒，则确乎是有一种分别存在的。《宋史》别立一传，其事亦未可厚非，只是必要尊道学而卑儒林，则落入门户之见，未得为平允。

---

1 编按：即《论十事劄子》，收入《河南程氏文集》。

自二程下传至南宋，有李延平侗[1]，为朱子师，朱子于其师李延平之为学为人，描述甚备。我们即举李侗为例，便可想见上面我所谓理学别出之儒与经史综汇之儒之不同所在。但朱子虽出李氏门下，而其学术则有一变，朱子乃中国儒学史中一杰出之博通大儒，至今读其全书便可窥见其学术路径宏通伟大，及其诗文辞章之渊雅典懿。朱子在此方面实为承续北宋欧阳一派综汇之儒之学脉者。

但朱子所宗主钦奉则在濂溪、横渠、二程，所谓理学别出之儒之一支，而于二程，尤所推尊。其所著《伊洛渊源录》一书，即以孔孟道统归于二程。朱子盖欲以综汇之功而完成其别出之大业也。因此其对经学传统亦予以一甚大之改变，彼将小戴《礼记》中《大学》《中庸》两篇抽出，合《论语》《孟子》而定为“四书”。

又另定五经读本，于《易》有本义，于《诗》有集传，《书经集传》则嘱咐其弟子蔡沈为之。于史学方面，则承袭王通以及司马温公之路向，认为司马氏之《资治通鉴》，即犹孔子当时之《春秋》而特为加一“纲目”。此实远承王通续经之意见而来。于《礼》

1 编按：内文红色楷体部分的解释，均为原文作者所加。下同。

之一方面，则有《仪礼经传通解》，以十七篇为主，取大小戴及他书传所载系于礼者附之，又自为《家礼》一书，以当时可通行者私定之。其于文学，则有《韩文校异》《楚辞集注》，所下功夫，亦甚精湛。其在经学、史学、文学三方面皆有极深远之贡献，而且影响于后来儒学方面者，可谓已远超北宋欧阳一派综汇诸儒之上。而观其《伊洛渊源录》一书，则知朱子所特尊奉则在周、张、二程别出之一支。

朱子学之大概如上述。然在朱子当时，即有两派与朱子极相反对之学派出现。一派自朱子好友吕东莱之史学，下传而成浙东永嘉学派，如叶水心适、陈龙川亮等。

朱、吕两人曾合编《近思录》，朱子又命其子从东莱游，然朱、吕二人一偏经、一偏史，门户划然，不啻如王安石之与司马光。

而叶水心、陈龙川二人则明白反对朱子，且其所提出之意见，亦皆极有力量。

叶水心反对朱子所定四书，否认孔、曾、思、孟一线单传之观点。龙川则反对朱子之《伊洛渊源录》，认为汉唐儒学传统亦各有其地位，不得说唯有宋代伊洛一派始为孔孟之传。此两种意见实有使朱子难于自圆其说之处。

而当时反对朱子者，除浙东史学一派以外，尚有江西心学一派，主要者为陆象山。

象山亦朱子好友，其论学贵于简易直截。尝有问其学术传统者，象山答云："我读《孟子》而自得之于心。"细观象山此语，其所重实不在读《孟子》，而更重在"自得之于心"一语。故象山又曰："六经皆我注脚，尧舜以前尝读何书来？"又曰："即不识一字，亦将还我堂堂地做一个人。"儒学之发展而至于可以不读一书，甚至不识一字，自得于心，直接先圣之真传，此诚可谓别出中之尤别出者。

朱子之意，欲令人先从事于泛观博览而后归之约。象山之意则欲先发明人之本心而后再及于博览，此所谓先立乎其大。故象山以朱子教人为支离，其贻诗有云："易简工夫终久大，支离事业竟浮沉。"此二人之相异，于此可见。然象山对濂溪、明道仍极佩服，尤所佩服者，则在程明道。故象山尝曰："二程见周茂叔后吟风弄月而归，有吾与点也之意，后来明道此意却存。"

故若谓濂溪、横渠、二程为儒学之别出，则象山实当为别出派中之正宗嫡传。但此后儒学，则终是朱子一派得势，抑且朱子后学，终是于朱子经史之学即其兼采于北宋综汇之儒之一派者，即象山所讥为支离之一面者，实为最有成绩。举其著者，如金履祥、黄震、王应麟下及胡三省、马端临诸人皆是，他们都是兼通经史，虽承朱子上接伊洛，都与北宋综汇诸儒之一派未见隔绝，抑且甚相近似。此一趋势，只观《通志堂经解》一书，即可知其梗概。即是陆学传人，到底也仍会归到这一条路上来。

此下讲到元代。近代国人讲学，似有两处偏忽了，一为忽视了魏晋南北朝，此一时代人在经史儒学上之贡献，我已在上提过。另一为忽视了元代人之学问。元代儒人讲经史之学大多均流衍自朱子，其成就亦可观。明代的开国规模，举凡如政治制度、经济措施、社会改革、教育设计诸要项，实全有赖于元代人之学业遗绩。

即如明初开国，金华诸儒如宋濂、刘基等人，都在元代社会时孕育成才，此一情形恰如隋唐盛运之有赖于南北朝时期之学术余绪，事同一律。中国儒学，其最大精神，正因其在衰乱之世，仍能守先待后以成下一代之新开创而显现其大用。此乃中国文化与中国儒学之特殊伟大处，吾人应郑重认识。

明初却有许多与唐代相似处。明人之有《五经大全》《四书大全》，俨犹唐初有《五经正义》，此乃根据元代朱子学传衍，此后即悬为功令。一次大结集之后，即不能急速再有新创辟，因此明代经学不见蓬勃，亦尚不能与唐代相比。

至于史学则元儒本不曾在此方面有大贡献，如马端临、胡三省等皆偏在旧史方面，新史之撰述极少概见，远不能与魏晋南北朝相比，因此明代史学更见不振，而且另有一点为唐、明两代之相似处。唐代自臻盛治，即轻视了南北朝。明代一臻盛治，也轻视元人。一辈人之兴趣与心力，多着眼到现实功业上去，因此对前一时代人之学术传统转多忽过。

此下再略论明代之文学思潮，主要为前后七子所倡导之“文必秦汉、诗必盛唐”之拟古主义。但他们都没有把握到杜甫、韩愈以儒学纳入诗文中之一种绝大主要精神。即说他们没有体会到韩、欧因文见道，以文归儒之新传统。因此前后七子提倡文学，只知模拟古人之躯壳与声貌，却未得古人之神髓。这一运动，实不如建安以下，虽无灵魂，却还能自见性情，其新文学纵不与儒学合流，而仍还有它自己之立场。

前后七子之拟古，较之杜、韩以下之复古运动，实是貌是神非，到头只落得一场大失败。迨嘉靖间，唐顺之起，始走回北宋欧、曾巩通顺之文体，以矫时俗之弊。而唐顺之同时亦为有明一代大儒，其学得自阳明门下之王龙溪，自谓对龙溪只少一拜，故到他手里，遂又窥见韩、欧因文见道，以文归儒之大统绪。他撰有《文编》，为其大著述《五编》中之一编，其所撰文章，乃始悉依儒家之准绳。

前此有真德秀撰《文章正宗》，则太偏重在义理，而较忽略于辞章，重理不重文。荆川[1]承之而文理两重，实为有胜蓝之功。

接之起者有茅坤、归有光。茅鹿门坤始编有《唐宋八大家文钞》，实是递嬗相承于唐顺之之《文编》而专选唐宋人之文，八家之名于焉乃定。

归有光亦一儒家，兼通经史，延续唐、茅一路，使得把文学纳入儒学之新传统再次延续，下开清代之桐城派。然上述诸人，均已起在嘉靖之后，以后又未能继续照准路向往前走，故综论明代文学，实无足称，远难与唐宋相比。

论及明代之理学家，自必推到王阳明。阳明尊象山，主心即理，并提出良知之说。后人称之为“陆

1 编按：荆川即唐顺之。

王”。陆王之学为理学中之别出，而阳明则可谓别出儒之一派中之最登峰造极者。因别出之儒多喜只凭一本书或两本书，或只凭一句或两句话作为宗主。如二程常以《大学》《西铭》工夫开示学者。象山则专举孟子，又特提“先得乎其大”一语。而阳明则专拈孟子“良知”二字。

后来又会通之于《大学》，而提出“致良知”三字来，作为学者之入门，同时亦是学者之止境，彻始彻终只此三字。后来王门大致均如此，只拈一字或一句来教人。直到明末刘蕺山宗周又提出“诚意”二字。总之，此一派所谓终久大之易简工夫，已走到无可再易再简，故可谓是登峰造极。然既已登峰造极，同时也即前面无路了。至于阳明在文学方面之成就，则王门各派都已罢弃，远不逮二程后有朱子，更可谓是王门别出儒中一大缺点。现在我们再总说明儒路子，可谓其只有别出儒，而无综汇儒。而到晚明时期，则又爆出大反动。

现在说到儒学之第六期，即清代儒学。我仍将名之为儒学之“综汇期与别出期”。取名与宋元明第五期儒学相同，但论其内容则甚不同。最先如顾亭林、黄梨洲、王船山诸人，他们都又走上经史学兼通即北宋综汇儒之一路，而都成为一代博通之大儒。

此三人中，顾亭林大体一本程朱，还是朱子学之路向。船山虽在理学方面有许多不同意程朱而一尊横渠，但其为学之路向，则仍是朱子之遗统。此三人中最可注意者是黄梨洲。梨洲学宗阳明，但他的学术路向其实与亭林、船山也相仿佛。他亦主张多读书，亦博通经史，极像北宋综汇儒一路。故他说："读书不多，无以证斯理之变化。博而不求于心，则为俗学。"[1]其实此两句之更重要者，乃在其上一句，因下一句是别出儒之旧统绪，而上一句则又另开了新方面，即由别出重归到综汇路上来，其实已和朱子学风无大分别了。他的一部《明儒学案》，亦即一部极好的明代学术史，或说是思想史。在他著此书前，他所须诵读之书，何止数百千卷。而且此书虽宗奉阳明，依然罗列各家，细大不捐。此一路向显然与陆王意味有了甚不同处。我们正须在此等处看出学术之变化来。

黄梨洲之后有李穆堂绂，他是崇奉象山的，但他读书之多，也堪惊人。与李穆堂同时的友生有全祖望谢山，他接着梨洲父子有志未竟之稿来写《宋元学案》，此《宋元学案》中主要的自是所谓别出儒理学家

1 编按：见全祖望《梨洲先生神道碑文》。

的一面，但谢山此书，则显然更是综汇儒之规辙，故说此书以濂洛之统而综合诸家，如横渠之礼教，东莱之文献，艮斋薛季宣、止斋陈傅良之经制，水心之文章，莫不旁推而交通，连珠而合璧。[1] 此种学风，岂不与濂溪、二程以下的理学精神显有歧出了吗？岂不与朱子之崇奉伊洛而兼走综汇诸儒之路有极大的相似了吗？

梨洲、谢山以后有章实斋，亦承黄、全学风。那时已是清代乾嘉盛时，他分析当时学派，谓梨洲以下为浙东之学，属史学；亭林以下为浙西之学，属经学。又谓浙东渊源阳明，浙西渊源朱子，此一分别根据史实，极见高明。但此处须再指出者，厥为当时学风之转向。清代学者尝言，古今安得所谓理学哉？经学即理学也。我们若套用此语，来替实斋说话，亦可谓古今安得别有所谓心学哉？史学即心学也。陆王一派之心学，转出梨洲、谢山、实斋之史学来，此事大堪注意。故我谓清初诸儒之学虽一面承接宋儒理学，而已由别出儒重回到综汇儒。而最可注意的，则正是由梨洲至实斋这一派所谓浙东史学。他们虽承接陆王，而学风之变如此，则浙西

1 编按：全祖望在《梨洲先生神道碑文》中评黄宗羲“公以濂洛之流，综会诸家，横渠之礼教，康节之数学，东莱之文献，艮斋、止斋之经制，水心之文章，莫不旁推交通，连珠合璧”。

亭林一派渊源朱子的自可不问而知了。

近人又常说清代史学不振，此亦未必全是。清人只于近代史方面以多所避忌而少发展，但清儒在史学上仍有大贡献。即就浙东黄、全一派言，其最大贡献乃在学术史与人物史，试读清人之《碑传集》，此实为一种创辟之新文体。不仅唐宋古文家昌黎、永叔无此造诣，即《史》《汉》以下各代正史列传亦不能范围其所成就。此一新文体实渊源于梨洲学案，迄于谢山《鲒埼亭集》中所为之新碑传而栋宇大启，规模始立。

现在我们再试转到清代经学方面，自亭林以下至于乾嘉盛时之戴东原震，恰与章实斋同时，经学之盛，如日中天。但最先由儒学而治经学，其后则离于儒学而经学别出，又其后则离于经学而考据别出。此为清儒经学之三大变。

其最先经学尚未脱离儒学之时期，如阎百诗之考古文《尚书》，如胡朏明渭之辨《易》图、考《禹贡》，如顾栋高之治《春秋左传》，莫非经史兼通，大气包举，不失为一种有体有用之学。但越后则经学渐渐脱离了儒学，他们既言"训诂明而后义理明"，又要追溯两汉博士家法，则变成经学独立，渐与儒学无关。又后则更不是经学而仅是一种考据之学。考据独立成为一种学问，仅视经学为一堆材料而已。

经学只成为一堆材料，而史学亦同样只成为一堆材料。材料无穷尽，斯考据工作亦将永无穷尽。此后清人论学，认为唯有考据始可得先圣之真传，此可谓是考据学之别出。又于考据学中别出了一种训诂学，此即所谓“小学”。

故清人乾嘉以下论学，乃谓孔孟以下，特足重视者，唯许叔重慎与郑康成两人。其后又超越了许、郑而特重汉博士中之公羊一宗，而只言董仲舒与何休。我无以名之，则唯有仍名之为一种别出之学而已。

宋代别出之儒只尊孟子，此下即直接伊洛，清代别出之儒则只尊六经，许、郑以下则直接清儒。至于晚清今文学公羊派，此犹宋代理学中之有陆王，于六经中只尊《春秋》，于三传中只尊《公羊》，则又是别出中之别出了。

在此连带述及清代之桐城派，此派承接明代归有光，上续唐宋八家，主张因文见道，以文归儒这一路线。其中心人物姚鼐惜抱与同时的经学大师戴震均倡义理、考据、辞章三者不可偏废之说。应可说均是综汇之儒之主张。但当时经学之士之兴趣太集中在考据、训诂方面了，而桐城派中亦少有大气魄的人，真能从义理、考据、辞章三方面用力者，直要到曾国藩湘乡派，由姚氏之《古文辞类纂》扩大为《经史百家杂钞》，又主于义理、考据、辞章以外，再增经济一目，可谓真有功于作综汇的功夫。

而经学家中自阮元下逮陈澧，也有主张经史兼通、宋汉兼采之趋势，惜乎受不住今文学家之掩胁，而终于别出一派独主了一时的风气。

此刻要谈到中国后半部儒学史中之所谓道统问题。盖凡属别出之儒，则莫不以道统所归自负。其实此一观念，可谓由昌黎韩氏首先提出，《原道》云："尧以是传之舜，舜以是传之禹，禹以是传之汤，汤以是传之文、武、周公，文、武、周公传之孔子，孔子传之孟轲。轲之死，不得其传焉。"韩氏则隐然以此道统自负。此一说法，显然自禅宗来。盖唯禅宗才有此种一线单传之说法。而到儒家手里，似乎更不如禅宗。因禅宗尚是一线相继，而儒家的道统变成斩然中断，隔绝了千年以上，乃始有获得此不传之秘的人物突然出现。昌黎以后，崇拜昌黎的一辈有所谓"千年不传之秘"。宋儒虽承昌黎此观念，但终觉此一道统中间罅缝太大，有些说不过去，遂为补进董仲舒、扬雄与王通数人。虽则如此，但仍是数百年而得一传人，中间忽断忽续，前后相望，寥若晨星，即求如千钧一发不绝如缕的情形，而亦复不可得。

下至程伊川，又谓须至其兄明道始是直继孟子真传，中间亦不能有别人插入。以此较之昌黎意态更严肃，而门户则更狭窄了。

朱子始在二程同时补进濂溪与横渠，但以前那大罅缝终是无可填补，那岂不是孟子死后，道统一传，已成一大秘密，而此世界亦成一大黑暗。抑且孔孟之间，亦有一段脱节，于是朱子再根据二程意见，特为补进曾子、子思。

于是总算一线单传了四代，但亦太孤零、太萧索了。当时叶水心即根本反对此说，认为孔子之学并非只传了孔子一人，即连孟子也未必由他一人尽获得了孔子之真传。陈龙川则谓汉唐诸儒，也不能说他们全不得孔子之传。

但陆象山又要抛开濂溪、二程，把他自己来直接孟子。此后虽像程朱之传统较占了上风，而到明儒王阳明出来，又是尊陆抑朱。此等争持也绝似禅宗之有南能北秀，永无了局。此实又不如禅宗尚还有衣钵信物做证，而曹溪以下，不再把衣钵传人，实为绝顶聪明之办法。究是谁得了道统，并无证据，则争辩自可息。惜乎宋明道学诸公，却不了解得此中意味。

关于宋明两代所争持之道统，我们此刻则只可称之为是一种主观的道统。此种道统是截断众流，甚为孤立的，而且又是甚为脆弱、极易中断的，我们亦可说是一种易断的道统。

此种主观的单传孤立的易中断的道统观，其实纰缪甚多。若从历史文化大传统来说，则比较客观些，而且亦绝不致只是一线单传，也不能说它老是有中断之虞。其实孔子之道大，自孔孟以至今日，孔孟之道何尝中断，亦可谓孔孟之道未坠于地，在人，贤者识其大，不贤者识其小，何莫非有孔孟之道。如此说来，只把讲孔孟者的自己地位抑低些，却把孔孟地位更抬高了。若定要抬高自己身份，却把孔孟之道反而抑低了。又且如宋儒，既是一面盛推曾点与漆雕开，难道孔子复生，反不把荀卿、董仲舒、王通、韩愈诸人当作他的传人，而定要摈之门墙之外吗？

就历史文化大统言，宋儒此道统论实无是处。黄梨洲弟子万季野斯同曾作《儒林宗派》一书，其书虽亦尽多可议之处，然把儒学门户放开了，较之宋儒主观的一线单传的孤立的中断的道统观，则确是广大开明得多了。

此下清人立意反宋学，却又来高抬汉学，严主门户，似乎孔孟之学，到宋儒手里，反而中断了。不仅如此，即宋儒以前如《十三经注疏》，他们也看不起，就中只看重郑康成一人，后来连郑康成也不信任，定要推到西汉董仲舒，但又不得不牵上了东汉之何休。这直可谓进退失据，而末流推衍所及，则几乎只有康有为一人，才能再接上此一统绪，试问此种说法，岂不荒唐可笑。

但推原其始作俑者，则不得不仍回到宋代道学诸君子的身上。固然，宋代道学诸君在中国儒学传统里，有其甚大之成就，亦有其甚大之贡献，但此一恶例却不能不说由他们创始。

至于清代诸儒，存心要反对宋儒理学一路，而不知自己仍陷在宋儒理学圈中，还想来自立道统，那就更可笑了。

以上分着六个时期来大体叙述中国的儒学演进史，到此已粗可完毕。若我们真要对中国文化传统有一真认识，关于上面所讲六个时期之儒学演进，我们绝不能搁置不理。若此后中国文化传统能重获新生，则此一儒学演进，必然重会有新途径出现，此层亦属无疑。但此下的新儒学究该向哪一路向而前进呢？我想，只一回顾前面历史的陈迹，也可让我们获得很多的启示。却不烦我们再来作一番具体的预言，或是高唱一家一派式的强力指导。如韩愈所谓“开其为此，而禁其为彼”，总不是一很好的办法。韩愈尚所不欲为，我们自可不必走此绝路。

昔邵雍临终，伊川与之永诀，邵雍举两手示伊川曰：“面前路径须令宽，路窄则自无着力处，况能使人行。”如邵尧夫之意，我们讲中国文化，也就不该只讲一儒家。又况在儒家中再标举出只此一家别无分出的一项严肃的、充满主观意见的所谓道统来。这是我这一番讲演之最终微意所在，盼在座诸君体取此意，各自努力去。

日用之所需，然菜房、长生店亦得有人开设，俾能供应有所求者。故各科不但可以并存不悖，且可相辅相成。本人本想继续再讲有关今后儒家之一些问题，好在各位可以归而自得之。一言以蔽之，学者切不可有门户之见。

总之，今后各位做学问尽可以趋向专之一途，但要紧者当互相尊重，才是正道。诸位如欲学朱子，恐怕穷十年之功亦未必能博达，如欲效陆王，则更难矣。因陆王系恍恍惚惚不可捉摸者。

不过，幸而今日学陆王的尚有一条路可走，即学象山者，可先读李穆堂著作；学阳明者，可先读黄梨洲著作，则庶几可登陆王之堂而入其室。但各位总须记得，只可有宗主，而不可有门户，亦不可轻视任何一门学问。

清人中，如戴东原、姚惜抱均主做学问，以为义理、考据、辞章三者不可偏废。此语极当。孔子删六经，阐前圣之微言大义，然观其《论语》中所云："夏礼吾能言之，杞不足征也；殷礼吾能言之，宋不足征也。文献不足故也。足，则吾能征之矣！"足见孔子亦非不重视考据。即王阳明，亦曾作考据文章，有《朱子晚年定论》一书，不过其所作考据较为疏略，然焉有彻弃不顾之理。

故考据之学不能无义理，义理之学亦不能无考据。兼有了义理、考据，尚须有辞章。即便自己没有创作，亦得能背诵一些古人的。三者总不可有缺。归根到底一句话，孔子以后，绝不能只有孟子单线相传。大家都是孔子的学生，均可有一份，这才对。

我素酷爱宋明理学，喜欢朱子，亦喜欢阳明，但唯有他们讲道统这一点上，我实在不敢苟同。

总之，我只有一句话，诸位今天均可学孔子之道，但切不可有门户之见。

（此篇为钱穆先生 1961 年 10 月 7 日在香港新亚书院文化演讲会上的讲座）

中国散文与中国文学史

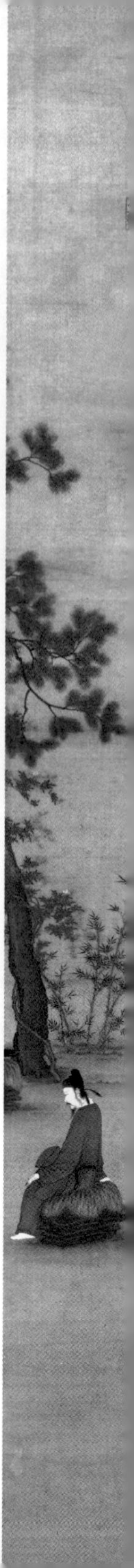

中国文学的正宗是诗与文。诗是有韵的，文是无韵的，都属于经、史、子、集四部中的集部。文又可分为骈文与散文两类。

文学除上述两类外，尚有词、曲、剧及传奇等类。

中国的集部包含三千余部书，近八万卷。词、曲是文章技艺之间的东西。[1]古人说，文章是技艺之类，是为人所看不起的。《四库全书》中虽包含了词、曲，但小说、做戏一类的作品是不登大雅之堂的。因此，《四库全书》中并没有《三国演义》《红楼梦》和《水浒传》这一类的书。

在《四库提要》集部中，散文要占一半。散文史的发展与中国文学史的发展有关，即由散文史而文学史，进而中国文化史。

1 编按:《四库全书总目提要·词曲类一》:“词、曲二体，在文章技艺之间，厥品颇卑，作者弗贵。”

我国文学的特征是发展在诗与文上，而非小说、戏剧上。

西方及印度文学开始时总是自然的、朴素的、天真的、民间的、地方性的，如说故事、神话，唱史诗，演戏剧等，是发乎心灵，由人生产生的，是社会底层男女悲欢情调。但中国则没有，此即为中国文学之特征之一。因我国文学经过官方的一番淘洗，已成为非民间的和非自然的。

春秋时代的贵族诸侯鄂君泛舟于新波，撑船的是越人。鄂君是湖南或湖北人，听见女孩所唱就记下道："滥兮抃草滥予昌枑泽予昌州州𩜱州焉乎秦胥胥缦予乎昭澶秦逾渗惿随河湖。"[1]唱的是浙江调，鄂君不懂，问人后译出来便是："今夕何夕兮，得与王子同舟。蒙羞被好兮，爱情不訾垢耻不怕坏话，心几顽而不绝兮，得知王子。山有木兮木有枝，心说喜君兮君不知！"[2]后来鄂君喜欢这女孩子了。

当时越人唱，楚人听不懂，因各地方言不同。我

1 编按：此为汉代刘向所著《说苑·善说》中记载的《越人歌》古越语发音的歌词。

2 编按：见于《说苑·善说》，"今夕何夕兮，搴舟中流。今日何日兮，得与王子同舟。蒙羞被好兮，不訾垢耻，心几顽而不绝兮，得知王子。山有木兮木有枝，心说君兮君不知。"

国幅员广大，社会虽大，而政治则统一，希腊社会小，却是多头政治。拿京剧来说，由于是地方性，故京剧在香港不会受粤人欢迎，故梅兰芳等京剧名角不易成为荷马那样的大音乐家。

所以，我国文学一定要经过淘洗，方能成为全国性。

我国第一部文学集是《诗经》，分为风、雅、颂。

我国的戏剧，是动作舞蹈化、讲话音乐化、布景图画化，故事简单，并不重要，故京剧的抽象性高于电影，如京剧演员的化妆面孔是抽象性的，如红脸、黑脸。其中情境，虽不懂而似懂，可看出音乐、图画的艺术了。

风者，周朝有采诗之官，把地方性的民歌改成官方通行的文字，配上音乐，送呈政府。

雅者，乌乌之声，秦腔也。

比如，把南阳地方的诗改成官话送入政府，叫作雅化。当时陕西人统一天下，故成为陕西化。

我国第一阶段文学是王官之学。《诗经》这部经典在王宫，是自上而下，因我国社会与西方不同，故不像西方那样从地方开始。

我国第二阶段文学即是百家之言指《论语》《孟子》等。《孟子》这书记录了民间故事，如“齐人有一妻一妾”是短篇小说。又，《孟子》亦记宋国故事。《庄子》记齐东野人之语，如记鸟为何会飞。《韩非子》记宋人守株待兔的故事，又《战国策》记楚人画蛇添足、狐假虎威的故事。

上述诸故事，即中国的《伊索寓言》。

周朝王官之学以后，诸子出，故记载了选出之地方性故事。

此为第二期文学，由“经”而到“子”，由王官之学到百家之学。

中国第一期的文学是经过王官的淘洗，中国第二期的文学是经过百家的淘洗，中国第三期的文学就是《楚辞》。

当时北方人有很多神话。汉上游女美女成为洛神宓妃，初为民间故事，后来屈原作《楚辞》，终成文学。[1]又如南方的招魂习俗，就成为楚国很好的文学题材。[2]

经过了王官、百家及楚人的淘洗，中国第四期文学则经过游士之手了。中国文学是由《诗经》到百家，再到《楚辞》和游士，是由上而下的。

1 编按:《楚辞》的《离骚》《天问》篇均刻画了宓妃的文学形象，尤其在《离骚》中，其形象更为丰满。

2 编按:《楚辞·招魂》即仿南方的招魂习俗而作。

又如太史公的《史记》中，也记下很多故事，如搜孤救孤等。因太史公周游天下，把很多地方性故事译成汉代官话，除《楚辞》是纯文学外，我国文学多“借尸还魂”，文学多附在经、史、子、集中。

汉代的文学可分为两大类，一类是邹阳、枚乘和司马相如；另一类是贾谊当时不说他是文学家、董仲舒和司马迁。

汉以赋著名，以上诸人均可称为辞赋家。一般来说，赋是跟《楚辞》而来，但章实斋说是“策士游说之遗风”。邹阳即游说之士，司马相如为汉帝写《长门赋》，即是游说之风，是属消闲性的。

枚乘作《七发》，劝导王子，讲到第七件，讲到要言妙道，王子听从了，亦是游说，如苏秦游说六国，东有什么，南有什么，西有什么，北有什么，为何服侍秦国呢？

贾谊，亦游说之士。天下无大文学家、大哲学家，只是多做学问，将别人的意见来一个剽窃，小小变换一下即成为家矣！独创实不易作也。

东汉时文学兴起，有文苑。[1]从前将文人放在读书

1 编按：《后汉书》有《文苑列传》。

人中，实不对，东汉时才有作文章人之名。如东汉《古诗十九首》作者已佚名，这些诗讲的是普遍性的、大家需要的，故谓之文学。又如《苏李河梁诗》[1]也是赠别诗，讲到生别离，也是一般性的。

文学的真正确立在三国曹操、曹丕与曹植之时。在文学界，“三曹”中，曹丕最有地位。

曹操之四言诗前无古人，其优点是他打破了古人格调。如当时的诏令秦汉时的诏令很像样，曹操封相时，作《述志令》[2]，可谓平民化、大众化，自年轻写到年老，此乃自古未有，曹操却打破传统来写。当时汉朝官戴硬板帽，曹操官至相国，不戴冠而戴巾，他大度豁达，却戴黑软帽，其文学品味很高明。

我国文学批评自曹丕开始，他作《典论·论文》，首先提倡文学，韩、柳、欧、苏都跟随他，他是第一个讲正统文学的人。

曹丕说：“盖文章，经国之大业，不朽之盛事。年寿有时而尽，荣乐止乎其身，二者必至之常期，未若文

1 编按:《苏李河梁诗》，相传为苏武、李陵赠别诗。文如下：“携手上河梁，游子暮何之。徘徊蹊路侧，悢悢不得辞。行人难久留，各言长相思。安知非日月，弦望自有时。努力崇明德，皓首以为期。”学界认为是后人仿《古诗十九首》的拟作。

2 编按：即《让县自明本志令》。

章之无穷。是以古之作者，寄身于翰墨，见意于篇籍，不假良史之辞，不托飞驰之势，而声名自传于后。”

曹丕是一位人文学家，不求事业，但求文章。曹丕与太史公不同。从“不假良史之辞，不托飞驰之势”两句可见。曹丕不讲建功立业，而常与当时文人谈文学。文学可不朽，此乃我国文学今后之观念。

曹丕又说：“文以气为主。”后代无异议者。曹丕致友人信中，谈及如何乘凉、食甘瓜……此种文章可不朽传诸后世。

世人喜欢曹植，但其文章没有其兄曹丕好，他认为写文章是不得已。曹植精于诗，比曹丕写得好。

所谓融情入事，谓之文学，化文归俗，谓之诗，运诗为散，调气为韵，是也。

自曹丕《典论·论文》出，说文章不朽，文以气为主，此后乃有《文心雕龙》出。

总之，中国文学至东汉有文人之意见，至晋有文学观念，至韩愈散文方盛。

西汉之文，即文以载道，主在世道人心，起宣传作用，而没有“文章就是文章”的观念。

苏东坡说：“韩愈文起八代之衰八代指东汉、魏、晋、宋、齐、梁、陈、隋。”中国文学史可分段，东汉前为一段，东汉至韩愈为另一段。

诸子百家所写的为应用文，是当工具用的。在中国讲，是述志道情、书写人生悲欢离合，歌咏人生的叫纯文学，以“五言诗”为始。

陈琳是袁绍的书记，袁绍讨曹操，陈琳作檄文[1]，后来被曹捉去，曹对陈说：“你骂得对，但总不能骂我父及祖父。”这是对文学的爱好。檄文含有道德意义，这是纯粹对文学的欣赏，曹操较欣赏文学。

曹丕时，有阮瑀亦善作文。在军中，丕作《寡妇赋》，可与曹操之《述志令》媲美。《述志令》可说是开天辟地之作，曹丕作《寡妇赋》亦奇，因赋甚堂皇。丕作此文是纪念友人，念及友人之妻及子，并邀友人都写，亦邀王粲写。

司马相如之《长门赋》，描写皇后生活之凄凉，使皇帝见而怀念，此亦是文学，不过是偶然的，到曹丕时才有心得。

西方在古希腊时有史诗、小说、戏剧，但与其同时的中国则无，因中国的地理背景不同。但到曹丕时，亦与西方不同，此乃我国文学渊源不同所致。

1 编按：陈琳作《为袁绍檄豫州文》，收入《昭明文选》。

自曹氏父子至今，中国已有近二千年的文化史，仍与西方不同。

中国文学是主观的，而西方是客观的。换言之，西方文学如镜照外面，中国文学则映内，是以内为中心，一为客观照外，一为主观映内。

火是外明，水是内明，我国文学是“水性”，是柔性的；西方文学则是“火性”，是刚性的。

至于文章题材内容，西方文学是讲外边的事，史诗、小说均是说外边的事，故其描写对象是具体的、实的、特殊性的。

我国小说，如写某生，应取其生活、背景和历史，先有特定之人。比如，说小生逃难，后私订终身，后中状元，此为不能描写具体，乃是抽象的、普遍的。因为是讲他自己，别人见了有同情，免得有分别。

西方人则是写具体的、特殊的，古代亦然。详细说出原委、特殊个性。但我国文学则无法放进个性，读曹操与曹丕父子之文，他们是否荣华富贵、为王为将？但读了曹丕之《寡妇赋》，觉得他和阮瑀是好友。此处所谓客观文学是有其真实性，主观文学则有其共同性。此乃中国独有，故不能与西方比。

西方如古希腊的雕刻，须取一物，塑出其具体的特殊的地方，这一套在中国显然不发达。

又如画画，西方要具体而特殊，但中国则主张写意，是随意而写，是普遍而抽象的。我国的文学是近西方人的科学，一点一线，是共同的，有其普遍性的。

再如书法，自曹操、曹丕后，已成为书法的艺术。[1]

雕刻是讲线条的，刻图章亦属此，西方人雕刻是特殊而具体的，我们刻的线条是普遍性而写意的。写字各有不同，雕刻的线条亦各有不同。

总之，西方是写实，中国是写意。

我国的文学用来书写私人的日常生活，西方人则没有走这条路，莎士比亚写过各式各样的作品，但自己的生平却是个大疑问，有人说莎剧是培根代写。我们均不知歌德与莎士比亚之生平。歌德《少年维特之烦恼》，以自己的题材变成外边的、客观的，我国则将外边的题材主观化，成为自己的。

中国的文学批评，如《文心雕龙》。现在一讲到批评史，则引用《庄子》，实并不精彩，不应用西方的方法套进去来讲。

---

1 编按：对“书法”，有迥不相同的理解，有的学者认为甲骨文、金文已体现出书法特点，有学者认为书法是毛笔字的艺术。论者多认为，汉代已讲究书法。

《昭明文选》是够得上“集”中之总集的，此集不选入周公、孔子之经学，也不入老庄理论之子学，也不入历史、纪事与系年。但有很多好文章可传千古，如《鲁仲连义不帝秦》[1]，亦不选入，因为这是历史记载，并非文学。在昭明太子脑中，有文章之见解，故上述不在该书之范围，追其源，乃自曹操、曹丕以下。《尚书》《论语》《老》《庄》《史记》《战国策》……均不入选该书，古代[2]的都不选。《昭明文选》中，入选的有三大类。

第一类是赋，第二类是诗，第三类是辞。昭明太子不分文与诗，不分骈与散，此观点甚重要。

今人主张文言文非文学，或白话文非文学。

文学没有死文学，有人认为古文学为坟墓中的枯骨，此观点实大错特错。

该书将赋分类为：

（一）京都

（二）郊祀

（三）耕藉

（四）畋猎二、三、四类为述说皇帝的生活

1 编按：出自《战国策·赵策三》。

2 编按：钱穆讲“古代”指先秦。

（五）纪行记帝巡行

（六）游览记游

（七）宫殿

（八）江海

（九）物色

（十）鸟兽

（十一）志

（十二）哀伤

（十三）论文

（十四）音乐

（十五）情

上述（七）至（十）类为咏物，如《鹦鹉赋》即属此类。

楚人之赋分两类，如屈原之赋，又如男女爱情唱歌相和。

春秋时外交上多有唱诗，后变成士大夫之玩意，如猜灯谜然。

（十一）类之“志”，是指述志陶情，并非真文学。

哀伤类如《长门赋》，但写者并不哀伤，因自己不在其内。但我国文学的趋势即关乎自己，如向秀的赋，乃出于真心，又如《叹逝赋》《怀旧赋》，乃真赋也。

韩愈是学这些而得到文学之传。上述《思旧赋》等赋乃是把自己写进去，但江淹之《恨赋》《别赋》则跑出自己之范围矣！画匠虽工，却没有自己的意境。江淹初时作文甚好，后来退化，写不出好文章，谓之“江郎才尽”。

文学应发现题材，如上述用自己以内或自己以外为题材，亦可将外的转化成内的，但题材不能拘束写意。

贾谊之《鹏鸟赋》，用《庄子》哲学来写，将自己写进去了。

打鼓骂曹的《鹦鹉赋》则不如贾谊，故题材不能限制人。现在是旧瓶装新酒，正如胡适的《中国哲学史》。

司马相如等人之赋等于游说之文，赋是新的，题材是旧的。

又如江淹之《恨赋》《别赋》，都是新瓶装旧酒。此种赋可说辞藻重于抒写。

韩愈取《闲居赋》之短序，而舍其原赋，此之谓文学，是学习司马相如等人。欧阳修很信服韩愈，说魏晋只一文，是《归去来兮》，[1]韩愈取短序，序后作极短之句文。江淹只是模仿他人，不如曹操、曹丕父子之情

---

1 编按：欧阳修曾说：“晋无文章，唯陶渊明《归云来兮辞》一篇而已。”见李公焕《笺注陶渊明集》卷五。

趣。潘岳等人可说是文学家。

赋可分为两种，一种是外物铺陈，如《两都赋》《两京赋》；[1]一种是内心抒写，如王粲之《登楼赋》，[2]用数百字写成一文，完全以内心抒写为主，并无外物铺陈作外景。

韩愈独熟《文选》，他看不起东汉以下的文，乃是韩在《文选》中找到了文学的出路，其实《文选》正是东汉以下之文。

唐代文学之路很广，古文学最有价值处乃是序，《文选》之价值在舍去孔、孟、老、庄，可见《文选》所选的文并不都好。

姚鼐的《古文辞类纂》选得最好、选得有法有路，所选的一切文章均好。现在其他人所选的文本则太乱了，并不如姚选好。

《古文辞类纂》一书甚为重要，姚氏一生只成此一事。该书不选入诗，其伟大处乃在该书之序目，将全部文章，分成十三类，如下：

论辩诸子已有

---

1 编按：班固作《两都赋》，张衡作《两京赋》，均收入《昭明文选》。

2 叶按：此类为钱穆先生的最爱。

序跋《易》已有

奏议《尚书》已有

书说《尚书》已有

赠序古代无

诏令古代无

传状《史记》已有

碑志

杂记

箴铭古代无

赞颂[1]

辞赋

哀祭

姚选所定十三类，与昭明太子所选不同。《文选》中赋分志与哀伤，又分纪行、游览，太乱了，但个别的类选得甚好。

姚选每一类记其序文之变化、优劣，开始时每类均有写序，赠序是韩愈始创。如韩之《送李愿归盘谷序》。将自己人生装进序中。太白诗不足以成诗史，因未将本人写进去。杜甫的诗乃实情，读其诗可知其家

1 叶按：韩愈之《伯夷颂》，二百字，描写得淋漓尽致，钱穆先生最爱。

史。杜甫将人生写入诗中，故伟大。

至于陶渊明的“采菊东篱下，悠然见南山”，是为散文。

韩愈则直截痛快作散文，乃是从《文选》的赋的短序中学得，长文为副，而以序为主，此乃韩愈之伟大处。

陶渊明《归去来兮》一文，为陶之述志抒情，欧阳修赞为魏晋仅此一文。

韩愈之《送杨少尹序》，因当时人写诗太多，都是老调，韩所写的乃是散文诗，将人生装入其中。

姚选中之“杂记”一类，乃古代所无，也是韩愈发明。祭文是讲人生，古之格调是韵文，但韩愈则用散文写，如《祭十二郎文》，无韵，可称为散体韵文。又如《祭田横墓》一文，堪比陆机《吊魏武帝文》，前者轻描淡写，以表现其美；后者甚为用力、刻板，不轻松。

读西方人的文章，等于拿起拿破仑的头盔、女人的衣裙，他们花的力气大。如王羲之的字，越看越有味，如反复读它几天，其情味不会比西方小说差，其为美则一也。此乃真理。二种情味差不多，中国绝不差于西方也。[1]

1 叶按：钱穆先生讲至此，谈到他所爱读的文章有《醉翁亭记》《伯夷颂》《登楼赋》及陆放翁之文，均为钱穆先生所最爱之文也。

为了读中国文学作者之文，应知其人，故有年谱，研究其一生，即是一部大文章。

读古人之诗文，要一家一家地读，此是曾文正公国藩[1]之意见，且要编年读。

中国最伟大的文学家是韩愈、苏东坡，唐宋八家中可分为两派，韩与苏是代表人物。俗称“韩潮苏海”，意即韩愈文似潮水，苏东坡文似大海。

至于诗可唱《阳关三叠》，格调仍旧，柳宗元、欧阳修均属此派。不过后来柳被贬。柳是悲调，欧是乐调。

欧、苏文章之优点，在于不理会人生全部，不论什么题材，均可纳入词、文、诗、曲各种不同的文体中。

苏东坡真是不得了，自小到老死，一篇文章到底。可自二十岁写到七十岁。

西方人的文章是要抓住人生，出于拘束，勉强。西方人主张写自传，我国亦有自传，如梁启超就有了。

写回忆录亦可发财，写传记文学乃要有真实灵感，出于自怜，富有情味，可说是最佳传记，如不传扬他是不公平的。

韩、苏两位富有戏剧性，不同于西方。可以从他

1 叶按：钱穆先生年轻时想做古文家，最喜欢曾国藩。

们的青年写到老年，一个笔调，一个人生，并不夸张。当时，苏东坡并不知道日后的境界，乃是逐日写成。人生的悲欢离合，有家庭的、国家的、社会的，可以和盘托出，全部写出来。

王荆公也了不起，人家攻击他做宰相，他后来作诗度晚年。

陆放翁用旅游写诗，不管是苦是乐，都常存快乐的心，固执了数十年，也不理人生老苦。

文学的灵感，乃是抓住整个人生，正如退之所说，要“文以载道”。

到了朱夫子、王阳明，虽讲理学，但朱子造一间屋，或王阳明见一学生，都用一首诗，把人生装进文学中，故成为普遍化、抽象化的文学。他们不是讲道德，乃是讲述天性，用温柔敦厚的文章，不使硬，用婉转、朴实、平淡、敦厚的态度来表现人生，此亦即“文以载道”之意也。

再说到戴名世、方苞、刘大櫆与姚鼐的桐城派。他们何以讲宋学？因为他们预备以文章进孔庙。他们将文章着眼于生活，谈及家庭生活琐事，文章一装进人生，便抓住一个精神。

姚鼐，世称姚惜抱，乾隆时安徽桐城人，其师是刘大櫆，刘之师是方苞，均桐城人。周书昌永年说：“天下文章，其出于桐城乎！”因此有了桐城派。姚鼐编纂《古文辞类纂》一书。

明代有“前七子”与“后七子”，后七子中有王世贞者任官，名气甚大。当时归有光反对前后七子，王世贞晚年认错说，是归氏对。

归氏认为文章应学唐宋，不应学前汉，因前汉只学辞藻。归氏以日常生活为主作文，文章为描述人生、记录人生，特重此点。

归氏在政治上不甚得意，住在昆山乡下，与名人来往，只是一介乡里平民，要表现大时代实不可能。其文阴柔近欧阳修，学《史记》，讲家庭。其杰作有《项脊轩志》说母、《思子亭记》等，是学《史记》之《外戚世家》。归氏以后则有方、刘、姚诸文人一代承传。[1]

唐宋八大家以后写散文者，厥为归有光，然后有戴、方、刘、姚诸人。人谓到刘氏，古文已衰落，有头重脚轻之说。

姚氏编《古文辞类纂》一书，主张学文当学唐宋

1 叶按：近人提桐城派从不提戴名世，此乃由于戴氏得罪清廷，遭杀身之祸，故不提其人，其实并不公平，方、刘、姚诸人之文，均有传承自戴氏者。

八大家，尤重韩愈之散文。

韩愈重视向经、史、子部学作文章，因上述为散文之来源。

姚氏《古文辞类纂》将古文分为十三类，分别讲明渊源，说明经、史、子之来源。但他并不说明文学的来路，故与韩、柳相反。

文学不能脱离人生。

苏东坡每到一处，必先作诗，这是一毛病。苏要在文章中表达人生，因此而成为文人，便拿文学做人生，便拿文学来搞大政治而起家，因此，当时想做文人的多。

道就是人生，即文以载道。由人生而产生文学，本源自此而来。

有人批评韩愈的文章不高明。

我国最伟大人物多出现在汉唐两代。唐代在杜甫及安史之乱之后已衰落，但只是衰象，仍具盛况。

韩愈的文章主张从人生来表现，他是孔子、孟子的传人，以此精神写文章，称为“文以载道”，唐宋精神由此而得。

汉代精神讲孔子是以政治来表现，唐代则以个人人生来表现。

当时姚鼐之眼光并非放在做人，而是放在作文章上，故《古文辞类纂》已违背唐宋精神。

唐宋以文学表达人生，用散文足以完全表达人生，用诗则不能完全表达，其中心是人生之道。

但现在姚氏将文章分成十三类，颇为拘泥，与韩、柳精神已有所隔膜了。文章分类有其长处，其短处亦在此，即是失去了读书趣味。

总之，这是不以人生而以文学为中心，这是不从本源来讲。

不过姚鼐编此书有其伟大之处，但姚的文章并不足以表达人生精神。自归、方起就没有了，他们不够韩、柳般的条件。

苏东坡每到一处必以诗来表达。至于欧阳修的精神也已不如韩愈。

王荆公做宰相时所作的文也已泄了气。

桐城派传到姚鼐，已不如唐宋，姚曾在南京钟山书院做院长，有很多学生。他说学文者有三大方面，即：一、义理；二、考据；三、辞章。姚是辞章。当时文坛分为两派，戴东原说考据即义理之学，桐城派则说要在辞章中表达义理，可用八个字表达之，即“神、理、气、味、格、律、声、色”，“格、律、声、色”

易学，“神、理、气、味”难学。后四字要谈到有修养。正如讲话之有修养，此点是桐城派了不得之见解，即辞章中有义理，故桐城派人写出来的文章均有内心修养在内。此为消极之道德精神，但并不是宋明理学的境界。

桐城派上述此一特点，后由安徽传到江苏阳湖派，以跟从钱伯坰学作古文的恽敬、张惠言为代表人物，[1]但与桐城派有别。

张惠言是从事经学而能写词、赋的清代唯一文人。

桐城派由戴、方、刘、姚一线传下，但姚的才气不够，只是学归氏的应酬文。

柳宗元有才气，不做大官发牢骚，姚则是清代一位平平稳稳的文学家。

清代尚有汪中，以学《文选》作古文，是清代一位了不起的文人。

阳湖派尚有一位李兆洛，编《骈体文钞》。

大体上说，阳湖派认为桐城派的路窄，要扩大其界限，但并不是要反对桐城派。

至于反对桐城派的，第一个是章实斋，章是近

1 编按：恽敬、张惠言受业于钱伯坰，钱系刘大槐的弟子。

百余年来学术史上一位大学者，作品有名著《文史通义》，为近人所必读之书。此书说“六经皆史”，即是说，古经学即是史学。现在讲经学应讲史学，章说，当时讲史学的走错了路，这是他针对当时的经学家戴东原而发。

当时的经学大家即是戴东原举人，另一大派文学家便是姚鼐进士。讲清代校对《四库全书》的人就会讲到戴、姚二人。

但章实斋反对唐宋派与桐城派，也反对戴的学说。

章说，集部自东汉时起，古代只有子部，故应先研究子部。（叶龙附志，见篇尾。）

戴、姚之文并非不对，学问是非并不能如此。章又说：“博古通经之要，亲师近友之益，取材求助之方。”如此成了子，自成一家矣！

章之《文史通义》可以说成了一家之言，他说的“古文十弊”较胡适的“八不主义”高明多矣！虽是说明桐城派之弊，也很是有趣，合乎今之新文学。他说：“文成法立，未尝有定格也。传人适如其人，述事适如其事。”无定中有定，写一件像一件。这是说文学高处，文章要照事来写，如冬天非说霜不可，其实广东并无霜。

章氏又有一篇《文德》，讲文之德性，重“敬恕”

两字。今之左派即不敬不恕，没有忠恕之道，不设身处地。所以临文要先检其心气。

总之，章主张写文章要从古人之大体本源讲，先不必讲工拙。有古人之体，即有文德，即成一家之言矣！

今之作文，只在词句上下功夫，而不在文章之大体下功夫。

第一个批评桐城派的即是章实斋。当时没有影响，但要经过一段时间，历史上有力量的是时久而后定，狂风骤雨不终朝。

第二个批评桐城派的是汉学家阮元，清代考据学大将。他说散文不是“文”，是“笔”。文章一定是骈文，要有韵。他说《文选》中不选经、史、子，而只选“文”，“文”一定要有韵。姚鼐写的不是文章，只是经、史、子。

章氏是从内容来批评，阮元则是从形式讲。当时经学家得此理论，振振有词地反对桐城派。戴东原时还不这么说，戴说考据，认为一面是考据，一面是辞章。阮元说桐城派不成文，因此当时的人便多作魏晋文。

后至曾国藩，甚为了不得。他接触面广，一切问题都在他心中，一到北京，遇姚鼐弟子梅伯言曾亮先生。然曾氏并不依姚氏之文法。他在北京遇倭仁，与汉学联合，作《经史百家杂钞》。姚编《古文辞类纂》，曾学文自姚之源始，但并不完全学姚，虽然此书亦从唐宋派、桐城派文家写起，但不是名为古文辞，均包括在内。他是从本源讲，他把世上文章分为阳刚、阴柔，又将十一类分为三门。他还选编《十八家诗钞》。他只爱十八位诗人，一家家地选录，如李白、杜甫、苏东坡等逐一抄完。

曾氏写文章学《汉书》，是阴阳兼备，不学经史[1]，是受当时的经学家的影响，是谓变通的桐城派，称为“湘乡派”。曾氏年过六十即亡，此派传人没有多少。

曾氏在军中写文章，比姚写得好，是位了不起的人物，可以与丘吉尔媲美。

曾氏有四大弟子。后来有两部《续古文辞类纂》，第一部是王先谦的续纂，是按照姚鼐的编法编写的。

第二部是黎庶昌的，他编写时加进《史记》《汉书》及《左传》等书，是按照《经史百家杂钞》的编法，可称为“改造桐城派”。

曾氏之湘乡派只是一个派，他吃亏的是要带兵、做大官，在学术界影响不大，他接触的只是丁宝桢、左

1 编按：“经史”，或指《经史百家杂钞》。

宗棠、李鸿章这些人物而已。故姚氏之桐城派影响学术界更大也。

当时人称曾为文正公，反说王壬秋闿运之名气大。其实，在文学上王不及曾。王是走阮元一派的路，是拿魏晋文来写古文，写信给太太要学《文选》，写骈文。人说他好，是因为在清末时期都是走的这条路。

除上述几人以外，尚有章太炎讲魏晋文。有一点不同的是，在魏晋文中加进训诂，此实为曾文正公所想做的。

曾氏对文章的讲法极好，他说："古文无施不可，唯不宜说理耳！"说出了韩愈以后散文之大毛病。文章要有趣，以诙谐为最好，即要写得淡而倔强及诙谐，则为佳。

章太炎拿魏晋文作古文，人以为其文古，其实平稳，拿魏晋文加入训诂而已。

章实斋是另一派，他提倡用诸子写古文，但并非拿诸子之貌写文章。

龚定庵自珍以诸子之貌来写文章，以承接章实斋，但比章实斋粗糙多矣！

魏默深源主张以汉魏来写文章，接下去是王壬秋。

以唐宋风格写文章的是陈澧，他是经学家，受阮元之影响。

康有为与章太炎有异，亦是汉魏一派。

综上所言，当时有三派：一、曾国藩的古文，其弟子为吴挚甫汝纶；二、章太炎的魏晋古文不讲《文选》，要有实学，照魏晋的格调写文，辞藻用训诂；三、龚定庵以子学写文章。

吴挚甫曾东渡日本考察，后在老家办桐城学堂，其学通古而接现代。

严复承接吴氏而重视之，译作有《天演论》，他曾请吴写序。

吴氏之观点：中国文章有两大派，古人写文与西方人相同，以干为枝，[1]严复是以古代笔法译西书。

当时有很多人想成一家之言，当时的北大分三派：一派是章太炎的弟子黄季刚侃，是谓选派[2]；一派是桐城派，在北大吃不开，于是有桐城派中之异军突起，即林纾琴南。他以《史记》风格翻译西方小说，极好。五四运动批评他是不合理的。不过文学由西方的成了中国之文学，如林译《茶花女遗事》，是把西方作品译写成中

1 编按：吴汝纶在《天演论·序》中写道："独近世所传西人书，率皆一干而众枝，有合于汉氏之撰著。"

2 编按：学《昭明文选》所选六朝文写文章，故称"选派"。

国人之创作。林氏佩服归有光，但学归有光并不高明。但林译西方小说却十分好，他的亏处是不通英文，译写时由别人读出，由他录下来。三是胡适的白话文派。白话之精神即属于韩、柳风格。当时黄远庸已写得很好。

胡适非文学家。文学家当推鲁迅，他的一生有三大变，分为三个时期。

第一期是与周作人合译《域外小说集》，是学的林纾。后人说林的不好，鲁的好，只是鲁的翻译字句较准确，又多在《新青年》写文。

第二期是写《呐喊》时，平心而论，此集甚佳。应一读，是有唐宋八大家精神的。写《社戏》，写小孩的生活，写到了人生，好极了，是鲁迅成功之处。用解放式的白话文写他对故乡的回忆，有意境，很诙谐有趣。

第三期，加入左派后写骂人文章，名气是很大了。

关于新诗，今日知道的，有徐志摩一派，可称为唐宋派。另有四川人吴芳吉一派，可称为魏晋派。

中国文学本可分为两派，即唐宋派与魏晋派是也。魏晋讲形式，唐宋讲精神，是要有内容。

今日写新诗之失败，因以文人来写，想固定来写。其实应先写人生方面，非有一种境界产生不可。

正如韩愈所说，不能学文章，应学道，是谓真文学。

徐志摩心中要是先想做诗人，写的诗便不是好诗矣！

要作出好诗，不一定要是诗人。

关于桐城派的古文，也是应该注意的。章太炎晚年时曾如此说，梁启超晚年亦曾如此说，故学古文得先学《古文辞类纂》。

要看《水浒》，得先看金圣叹的批。

今日应提倡客观的文学，吴芳吉想以诗写中国史，如有人能以二十年写成一部押韵长诗描写中国抗日战争史事，乃是佳事。

学术思想先天下而乱，今人聪明仍同古人，不过没有路走，聪明无处用。时代上轨道后，大家走同一路，聪明人出现了，跑到头又断了路，再由后人开辟新的活路。

今天文学已没有路，做人亦没有路，今日想这，明天想那，所以一个人能走出一条路的贡献是大的。西方人才多，因为有路。如中国有路，聪明人就有路可走了。要走路的，从前的老路非知不可。

（此篇为钱穆先生 1953 年 10 月 4 日在香港九龙桂林街新亚书院之专题演讲）

叶龙附志

当时桐城派的作文秘方是要读《史记》，故有归、方评点《史记》出现。钱穆先生极喜欢此书，家中有红笔加圈的木刻版《史记》，还有眉批，读来有声有色。此为桐城派不传秘诀，用圈点来读，可学作文章。

钱穆先生喜读《水浒》，但要看金圣叹所批的本子，读了才懂得《水浒》。因金氏一生批此书，可领你入门。五四运动后就无人批了，文学便读不进，如要有新解，至少要有天才高的人来作批。

章实斋骂桐城派的评点秘方，认为学文章不能如此，但做学问则应该。他说："以古人无穷之书，而拘于一时之心手。"但圈点可以说是入门工作。从古以来，做学问不到家的很多，但是已入了门。章又说："文章变化，非一成之文所能限也。"此话是说文章是人生，时代变，文章亦变，不能单从文章来学作文章。此说是接韩愈之气，所以章说作文章要有"读书养气之功"。章先生已做到此地步，因而并不赞成戴东原与姚鼐。

近代并没有几人了解章氏的文章，以钱穆先生对章了解最深。

中国历史上的人物

我们每一个人都有两重身份，即每一个人都生活在两个圈子里面，一个是小圈，另一则是大圈。我们一方面是自然人，另一方面又是一个历史人。天地间大自然生了人，这是生于大圈子之内。但同时又生在历史中，如诸位生在台南，台南至少有三百年的历史，诸位进入成功大学，成功大学也有几十年的历史。

我们生活上所需的一切衣食住行，如身上穿的衣裤、头上戴的帽子，至少有几千年的历史。还有吃和住，也都有很长久的历史。道路交通，陆地的、水上的、空中的，都有很久远的历史。我们如离开了历史，便成为一个野人，或称原始人，便不像今天这样的人。

所以说，我们是生在历史里面，也将死在历史里面。大家不要以为，死了不就完了吗？其实不然。因为一切过去的并未过去，即使是些微小事情，也仍会积留在那里。如我们坐在这幢建筑物里面，直到今日，这幢建筑已经历了很多年，这就是一段历史。

我们正在这历史里面工作活动。当时建造这座大厦的工人，恐已不存在，但他们的工作仍存在着。又如建筑这房屋的材料，一砖一木，都有人做下来。这些人虽已是过去了，但他们做的工作，却都积存为历史，一直保留到如今。可见诸位不能不负责任。虽然诸位的小人生都要过去，但都会积存在此历史的大生命里面。

所谓历史，把文字记载下来的，只是一些狭义的历史。我们的人生过程，我们人类的大生命过程，才是广义的历史。我们当然也是在此大过程中的一分子，仍得长久保留存在。所以历史的不朽，便是人生的不朽。此乃从中国人的人文观点来讲不朽。只要历史不朽，我们的人生也就不朽，便有它的意义和价值。

试看世界上很多各不相同的民族，有些到今天根本没有历史，没有了历史这一内圈，他们则只在自然这一外圈之内生存。有的民族则跑进了历史，因有了文字的记录，却又中断了。先从自然跑进了历史，而又慢慢地退出了。退出了历史，还是一个人，可是只成了一个无历史的自然人。

他们的人生，多半只是仰赖着别人家的历史来过活。只有中华民族，跑进了历史圈，跑进了这个狭义的历史，所谓有文字记载的历史，至少已有三千年到今天，这是我们同别人家所不同的。

此刻有一问题，为什么各民族历史不同？有的有了历史，重复退出。有的根本没有跑进历史。只有中国，跑进有文字记载的历史已有三千年。无文字记载以前，尚有传说追记，自三皇、伏羲、神农、黄帝、尧、舜一路下来，远在四五千年以上。正为是人生不同，才产生出历史不同。

人是历史的创造者，又是历史的表现者，同时亦是历史的主宰者。因于人不同而所创造、所表现、所主宰的历史也不同。因此我们今天来研究中国史，最重要的便是要研究中国人。

历史只是一件大事，即是我们人类的生命过程。但在世界各国各民族中间，说人能创造历史，在历史里面表现，而历史又是一切由我们主宰，懂得这道理最深最切的，似莫过于中国人。

我们如把一部西方人写的历史同中国人所写的历史来作一比较，他们似乎看重事更过于看重人。中国人写历史，则人比事更看重。人生总有事表现，而中国人则更看重在其事背后的这个人，西方人则更看重在由此人所表现出来的事。这是一个很大的不同。

中国历史有一个最伟大的地方，就是它能把人作中心。中国历史中所记载的人很多很详。然而我们真要从中国历史里面来研究中国人，这一个工作，即说是中国历史上所记载的人吧，此事还是很不易。我在之前已讲过，中国人记载历史的方法很客观，最有一种科学精神。

试举一点来说。中国历史记人记事，仅是记载，不加批评，务求保持一种客观的精神。一事之得失，一人之好坏，我所谓“人物贤奸”，要待读者自己去衡量。而且每一件事必然分写在各人身上，如是则每一人之事，也都分散在其他人身上去了。

这里却有一重要大义理，应该知道。我们切莫以为一个人可以单独做一件事，至少这样想是不科学的，或者说是不民主的。每件事做起来必须要有很多人合作，而且一个人一辈子也不会只做了一件事。而且每一件事的本身，并不是可以与其他的事严格分开的，常是这件事那件事甚至与很多件事纠缠在一起。

所有历史上的事，就其牵涉到人的方面说，则可以愈分愈细，每件事可以牵涉到许多许多人。就其事的本身来说，则每一件事又混合了许许多多的事。这中间却可见中国历史有一种很高明很巧妙的，也可以说是一种很合理的记载法。我此刻如此说，似乎有些空洞，各位也许听得不太清楚，摸不到具体意象。我且来举一个例说明之。

我此刻是要来讲人物贤奸，今试举出一位大家都知道的历史人物，一个很著名的人物，亦可说是中国历史上的一个大人物，此人即是三国时的曹操。他是中国历史上一个杰出的大人物，并不是因为有了罗贯中的《三国演义》，才使人都知道有一个曹操。

若看正史，曹操各方面的记载更是详细。首先曹操是一个大政治家，现在不能详细来说，可是曹操在政治上确有很多的建树。尤其是在制度方面，曹操推行了许多好制度。如军队屯田，此事乃用枣祗、韩浩的建议，而这两人却无特别记载，只是略见于他人的传中。如枣祗有些事记载在《任峻传》中，韩浩的事迹附于《夏侯惇传》中，而屯田之事，又详见于《邓艾传》中。又若问屯田制度在当时如何是一好制度，则必须读了当时的田制演变和社会实情，以及郡县官吏职权等种种状况才能明白。此皆旁见侧出，分散在其他篇章中去才可看出来。由此可见中国史法之写实性与客观性。

又如九品中正制度，此是陈群出的主意，而曹操[1]听了他的话，但此事在《陈群传》中并不详载。若要问九品中正制度为什么要创立，它的实际情况如何，它对当时及此下实际影响又如何，则又分散到其他篇章中去。应该上面看《后汉书》，下面再看《晋书》与南北朝史才可明白。要之，曹操是一个政治领袖，在他手中建立了很多好的制度。有了屯田制，才能打败吴国与蜀国。有了九品中正制，为后世留下了深远的影响。此制直到隋代才结束。根据上述种种，吾人知曹操实在是一个大政治家，在制度上富于种种创建性。但如专看《武帝纪》则不易见。所以中国历史难讲，却也不能不说它极为合理。它只是据事直叙，而又把各事分别写在各人身上，终不容作史者自凭己见。

曹操除了是一个大政治家以外，又是一个极为杰出的军事家。他当时削平群雄，在他幕下，真可说是猛将如云，谋臣如雨。曹操用兵，既分散在作战的对方袁绍、袁术、公孙瓒、吕布等诸人传上，又分散在他的许多谋士猛将的传上。但谋略由曹操决定，将才亦由他指

1 编按：此处或为钱穆先生误记。据《三国志·魏志·陈群传》所载，“（文帝）及即王位，封群昌武亭侯，徙为尚书。制九品官人之法，群所建也”。则听取陈群意见，建九品中正制的是曹丕。

派。必须全书合起来看，才可看出曹操在军事上极为了不起。曹操又有一部《孙子注》，直传到现代，这便要参读子部的书才可看到。

同时，曹操又是一位大文学家，在他同时代的一辈能文之士，都网罗在他幕下，曹操、丕、植三父子皆能文章，亦能作诗，创造出一派新文学，后世称之为建安文学。此在中国文学史有其极高之地位与极大之价值。关于此一方面，吾人又须从集部中找书来读。如《昭明文选》及各家文集，都要找来读才可明白。

所以我们要读中国史，一部二十五史称为“正史”的已很难读，但有很多材料并不在正史内，又不在史部内，而又是吾人所极应知道的。一方面可见中国文化积累之博大深厚，一方面又可见出中国史学既极丰富又极精炼。不通中国史法的话，便无从入手来探究中国历史了。

曹操除了在上述政治、军事、文学三方面有特殊的成就与贡献外，他还能赏识人才，而且求贤若渴。一方面曹操在中原之地，得人才为最多，但亦因曹操求贤心切，故能招揽到许多优秀人才。不论任何一方面，只要是人才，曹操就想拉来用。这又是曹操成为大政治家的一个主要条件。但经曹操赏识之人才，其事迹都分别载在个人之传上，并不汇集在曹操一人之传上。

中国史家，并不把全部三国史都放在曹操一人身上，此是中国历史最伟大、最特出之所在，然而使我们读历史的人则会感觉到不易读。

今且让我来说几件故事以见一斑。刘备曾从曹操在许州，曹操极为礼待刘备，出则同舆，坐则同席。一日，曹操从容对刘备道：“今天下之英雄，唯使君与操耳，袁本初之徒，不足数也。”时方进食中，刘备惊吓得把筷子也跌落地上。此时正是刘备失败流亡之际，而曹操却特具慧眼，识其高出群雄。刘备怕曹操要对付他，所以吓得筷子跌地。

又刘备手下大将关公，为操所捉，操亦加厚礼，封关公为汉寿亭侯，又重赐厚礼，但关羽尽留所赐，终于逃归刘备。操云：“各为其主，可勿追。”此处可见曹操之爱才，且能识大义。

又有一人徐庶，与诸葛亮友善。徐庶推荐亮给刘备聘用，曰：“诸葛孔明，卧龙也，将军岂愿见之乎？”备嘱偕来，徐庶曰：“此人可就见，不可屈致。即是不可随意呼唤他，要用礼貌敦聘他。将军当亲自去礼聘他。”遂有三顾草庐之事。及曹军南下追刘备，亮与庶在一起，徐庶母为曹操所捉获。徐庶向刘备告辞曰：“本欲与将军共图王霸之业，今失老母，方寸乱矣！”遂去曹操处。此人实是三国时一人物，能识诸葛亮，此其一。能在老母被捉时，辞刘而归曹，此其二。然其归曹以后，并不做任何表现，因不值操之所为，宁可默然以终，此其三。此人在三国正史上并不立传，因其无多事可述，只附于《诸葛亮传》后，记载上述两事而已。但此人是一了不起人物，曹操必先闻其名，故于乱军中生获其母，而促使徐庶来归。可惜操得庶之身，却不得其心，实是非常无奈。

徐庶在历史上是一神龙见首不见尾之人物，所以记下之事不多，却有贵于读史者之心领神会。

曹操又赏识到司马懿，要辟用他，但司马懿不肯为曹操所用，托词有风痹症，不能起居。曹操派人去刺探他，司马懿整日仰卧不动，曹操亦即罢了。后来过了数年，曹操又要司马懿来，派人去说如司马懿不来，便要拘捕他。司马懿惧怕而终于来了。

以上只举了刘备、关羽、徐庶与司马懿四人，实际上此四人均不肯为曹操所用。至于曹操手下多用人才，可不详说。而曹操之善识人，能爱才，已由此可知矣！

如上所述，曹操兼能军事、政治、文学，又能用人，一身兼备如此多才能，故为中国历史上一稀有人物。

但曹操始终是一个大奸。若曹操能开诚心，布公道，尽力扶持汉室，刘备亦不一定不肯与他合作。关羽自不必说，徐庶、司马懿亦能共辅曹氏，岂不可使汉室一统重获维持？此下数百年篡弑相承，使中国历史陷入一段中衰时期，曹操不能辞其咎。此已成历史定论。

但史家照例不肯自下己见，也不必下己见。只罗列事实，曹操之为人，已昭明无遁形。曹操曾问许劭：“我何如人？”劭曰：“治世之能臣，乱世之奸雄。”此十字后人视作操之定评。然此语不见于《三国志》，而见于孙盛之书。范晔《后汉书·许劭传》曰：“君清平之奸贼，乱世之英雄。”然后人评曹操之为人，终取孙盛，不取范晔，此中亦有一番大道理，待诸君自己去辨别，此处不再评说。

又如刘备、关羽、徐庶、司马懿四人，虽都不肯为曹操所用，但此四人又是各具一性格，各自成为一人物。要之，不识人，则不能读历史，不能来讨论历史上的一切事。历史以人为主，有人始有事。只有人来决定事，不能由事来决定人。读史者对此，最应深切了解。

现在再说，上述之曹操与司马懿二人，均是中国历史上之大奸雄，换言之，他们都是历史上的反面人物。单就个人而言，曹操与司马懿各有才能，各有成就。魏晋两代，即由曹操与司马懿两人开业。但何以说他们是历史上的反面人物呢？因他们不能领导历史向前，却使历史倒退向后，违背了历史的大趋向。

他们既不能领导历史，又不能追随历史，跟在历史大趋势后面追上去，而要来违反历史的大趋向。刚才说过，历史是人所表现，也是人所创造，怎么又说是违反历史呢？这是因为历史自有一条大路，人人都应由此路向前。能指点领导此路的，才是历史上的正面人物。孙中山先生说，他领导国民革命四十年，在求中国之自由平等，此乃是指导中国近代史的一条大路，亦即是中国近代史一大潮流、大趋势。袁世凯则只为个人，不为国家民族，违逆了此一趋向，所以他亦成为中国历史上一反面人物。

若通观中国全部历史，中国人的历史大趋向，早在曹操以前就决定了。至少远至周公、孔子以来，我们中国历史的大趋势，可能已经有，已经走上了一条路。这话怎讲？那要请诸位把中国二十五史详细读，自然会懂得了。要把我之前所说历史上的时间和事件之新观念详细参味，自知得历史只是一件大事，过去早已规定了未来。如此一条大路，有一段已走过，有一段还未走。

我们生在这历史过程中，不应该走错路。上述曹操与司马懿纵是历史上一等大人物，但他俩走错了路。何以会走错路？简单说之，他们各具有一个私心，只为己而不为人，为家而不为国。不论一切事，要先论一个“心”。

此番道理极简单，但极为重大。

三国时代又有一大人物，后世推尊他为当时第一大人物的管宁。他先是逃到辽东，曹操把他请回来了，又请他去朝廷，他不去，说有病。曹操派人去看，回来写一报告，那一份调查报告，也保存在历史上。曹操就不勉强他了。曹操用人，用不到管宁，却用到了司马懿，曹操毕生事业，就此可想而知。

我此时告诉各位，读历史定要懂得人物贤奸，这是中国人一向极端重视的一番极大的大道理，也可说是中国人在人文学上一番大发明，绝不是只要不犯法，便算是贤人，不是奸人。也不是说信受了一项宗教，便是贤，不是奸。又不是有本领能做事，便是贤，不是奸。本领愈大，事业愈大，如上述曹与司马二人，更是一大奸。批评历史人物，自有一标准。所以我们要学中国的史学，便不得不明白中国人的义理之学，那是比史学更大的学问。

今天我们又只想要翻案，对于历史也想要翻案，要打倒旧观念，重新估定新价值。今天也想为曹操翻案，那岂易翻过来。

我们不要认为今天学到了一点外国皮毛，有了新知识，便可来批评中国历史上的一切，重新估定价值。打倒一标准，却不易另建一标准。只把外国标准作标准，无奈我们又不能真照着做。没有标准，尽去翻老账，翻来有什么用，而且又是翻不转。曹操也曾想翻老账，他要选拔聘用不忠不孝之人来方便办自己的事，但历史之往事摆在那里，正可让吾人作参考。

你信了耶稣，不该骂你祖宗不曾信耶稣。你明白了科学，不该骂你祖宗不明白科学。我们今天懂得崇拜外国，却不能骂我们祖宗不懂得崇拜。至少这是忠厚存心，亦是一种道德。若我们认为旧道德要不得，也该有一番新道德，一切还待吾人自己努力才好。

我们说了历史上有正面人物与反面人物，现在再来说历史上的人，有一种人在上层，有一种人在下层。有浮面的人，也有底层的人。浮面上层的人，如三国时代的曹、刘、孙、诸葛、司马、鲁、关等人物，大家都知道。

写在历史上，他们是上层的人，可是还有下层的人。前已说过，任何一件事，不是一个人所能做。中国历史写得尽详细，还都是些上层人物。可是还要有下层人物，历史上根本没有写下。像我们，或许将来历史上都没有名字，可是我们确确实实活在历史里面。我们的生命，将来亦会永远藏在这历史里面。有记载的历史，亦有不记载的历史。项羽率领八千子弟渡江而西，历史上只写一个项王，八千子弟姓甚名谁，历史上不曾写下。但若没有这八千人，项王一人渡江有什么用？所以我们讲历史，不是要专说历史的上层，还要说历史的下层。即如此学校，外面人只知道校长、院长、教授有姓名，不管许多学生。但得师生合作才能成一学校。政府有大官小官，亦有不做官不进政府的，但得大家合作，才能有一好政府。

现在我要告诉各位，中国历史上遇有问题，多在上层，少在下层。西方历史上有问题，多在下层，少在上层。梁任公曾说中国人不懂革命，只会造反。造反只是下层作乱，纵是推翻了上层，但一切改革仍在上而不在下。

西方历史上像美国、法国大革命，此是由下层来改造上层。我想此或是梁氏所说“革命”与“造反”之分别。但中国历史上层有翻覆，下层还是安安顿顿。此可说是我们中国历史基础稳固，上层屋子破了可以修理，掀了可以重盖，若地基一动摇，就会变成如埃及、巴比伦、希腊、罗马一般。

历史的上层是政治，下层是民众，但中国历史上主要的，又有中间一层，即是知识分子学术界。中国人称之为“士”。

中国社会由士、农、工、商四民合成，我特称之曰“四民社会”。那士的一层爬上去便是做官，搞政治。留在下面，就从事教育，指导农、工、商，各尽己责。

今天西方社会的中层阶级是商人，做生意，营财利，故称为“资本主义的社会”。他们乃是各由个人来自由营谋，自由发展，故又称之曰“自由资本主义的社会”。所谓“自由”，乃指个人而言。但此种社会亦有问题，并不即是十全十美。此种社会之反动，则为“共产主义的社会”，各走了两极端。

今天的中国人，一味要跟从外国人走路，有人主张要走自由资本主义社会的路，亦有人主张要走共产主义社会的路，遂有今天中国的大翻动。

但中国历史上自有一条路，此一条路几千年一直维持到今天，则由于有中层“士”之一阶级，亦可称为“学术阶级”。逢到学术昌明，此等人多往上到政府方面去，则天下治。政治不清明，天下乱了，此辈人回头来只在乡村小都市从事教育，以待后起。所以这个社会能获一永远稳固的基础。

诸位当知，这是历史中的一个大问题。历史进退，不能全由上面少数人员负责，应该要由社会全体来负责。

在中国，有这一个中间阶层，可上可下，所以中国人一向看重读书人。诸位该研究中国学术史，才知中国历史乃是掌握在中国学术上。

历史绝不是一部分少数人的，也不是短时期的，乃是多数人经过长时期而形成的。但今天，中国学术中断，下层也动摇了。我们社会的中坚学术界，究竟要用什么东西来教导我们后一辈的年轻人呢？明天的中国，究竟将是怎么一回事？我们把昨天的全忘了，明天的无根无据，只知崇拜外国，这种情形实在十分危险。

即如学历史，先不问人物贤奸，又不问事情大小，更想拦腰切断不问过去。若真能切断，上面水不来，下面水干了，那一条历史大流也就没有了。但问一个国家、一个民族的悠长生命，怎么可以一刀切断？

近代美国还是从英国来，近代欧洲还是从中古时期，从希腊、罗马慢慢地变来。今天我们中国人，要想把五千年历史切断，来接上西方那条路，我不知道是否能有几个伟大人物把此事做得成。

一条电线，一根自来水管，可以切断这里，接上那里。我们只说要迎合世界新潮流，但也不能忘了自己的本源。今天我们的想法似乎太天真、太简单。倘若诚如我们所想，那么今天大陆已花了二十年大力，也该有些成就。无奈历史自有它一个客观的存在。只有孙中山先生提倡的三民主义新社会，仍从自己本源来迎合新潮流，下面开出社会的新型，但仍不违背以往历史的正趋。这须我们大家来发挥新的聪明与精力来参加进去，来实现此理想。

现在我得进一步说，人类历史大体说来，可以分为两型，一为内向型，一为外向型。内向型是把向外得来的充实内部。只要内部充实，有精力，有作用，自能常存而益进。外向型是把内在所有来扩展于外。但此扩展应有一限度，若因向外扩展而内部为之耗损，则扩展将不可久。

历史一本于人生，人生亦有此两项，一是内生活，一是外生活。内生活注重在生命本身与其内在德性之完成。外生活注重物质利用与其外面事业之放大。也可说一是偏向在“心生活”，一是偏向在“物生活”。

刚才我说，人有自然人与文化人两身份。开始是自然人身份多，定是向外。若不向外，不能在物质方面能利用、能驾驭，他将不能存在。而且除对付物质以外，还须对付敌人。

在自然人时代，人与人之间，都像是敌人。人类文化渐高，内心生活便日占重要，遂称此种外生活为世俗的生活。人类文化大趋，乃是从自然生活、世俗生活即外生活渐渐转向内部，来进入人更高一层的内向的心生活。

当知生命重要，内胜过外，心胜过身。因此人类文化演进，自然会有宗教。

宗教都在指导人的内生活。基督教讲灵魂，讲上帝，都只能由人自内心去体认。佛教更然，教我们离家出世，远离物质与世俗，在深山野岭处去求取涅槃。这些都是侧重在内生活。

只有周公、孔子之教，要把内外调和。正心、诚意，这是内生活。修身、齐家、治国、平天下，这是外生活。忠孝仁爱，内外合一，内外交向，从内向外，同时亦从外向内，把内外融成一体。世俗即是道义，道义即是世俗。这是中国文化最特殊处。

说到其他民族，如埃及，必然会联想到他们的金字塔。金字塔岂不至今尚在，又是何等伟大！然而当时埃及人的聪明精力则都消耗在造金字塔上了。

又如罗马的斗兽场，不仅在罗马首都有，只要罗马帝国势力所到之处都会有。其建筑之伟大可勿论，论其娱乐享受，何等紧张，何等刺激！猛狮噬人，不仅无动于衷，反而认为是乐事。这也是一种外生活。

在中国古代，既无金字塔，又无斗兽场，没有什么伟大遗迹留下来，只有几个圣人的故事，长为后代传说。

那些故事，又不是什么大功大业。尧为天子，他的儿子不好，便把天下传给了舜。舜亦本无大功大业，只因他能孝，给尧知道了，便把天下传给他。

中国古代文化传下来的是这些，这些只是人生内心方面的德性。换言之，也可以说，这些只是说的人。中国古人，只是把这些人、这些人的德性传下了。

中国人理想，要有一个完整的人生。此项理想，表现在几个理想人的身上。直从尧、舜、禹、汤到文王、周公、孔子、孟子，如此一路传下。我们主要说："人皆可以为尧舜。"此乃是说，此一文化遗产，人人能保守住，且能把它来发扬光大。

金字塔、斗兽场等，不能永远无限地建筑扩展下去，所以埃及、罗马的历史也终于中断了。正因这些是向外物质的进步，但物质进步并不能没有一个限止。一方面是人的内在德性，却可永远继续下去而不衰。

物质进步有限止，但同时也是无限止。如金字塔，虽然是伟大，但人还想有更伟大的东西出现，刺激人的，终于要成为不够刺激。

人之德性，并不刺激人，却可使人自我满足。今天人人都说要进步，但只讲进步，将使人永不满足，也就永不稳定。不满足，不稳定，专来求进步，此事有危险，而且当下也就使人不快乐。

满足与快乐，须在人之心上求。稳定须从人之德性中来。今所求之进步，则只在外面物质上计较。从人类所有各项宗教讲来，这些都是外面世俗生活，都是要不得的。至少这绝不是生活之究竟。

每一人生，总有两方面，一方面是我们的生活，一方面是我们的事业。事业是外在，生活是内在。内在生活满足稳定，外在事业自可有进步。内在生活不满足、不稳定，只在外面事业进步上来求我们内在生活之满足与稳定，此事必有危险，因此应该看重生活更过于事业。

诸位不要误会我此所说的生活，也指向外，如看电影、打球、游泳等。中国古人无此生活，诸位便说现在我们进步了。诸位当看舜如何般生活，孔子如何般生活，此乃内在德性方面之生活。此等生活，不是像我们今天般时时要求进步。但此等生活，论其满足与稳定，却胜过了我们。

各位又当知道，中国人所说一切道理，大都是在历史本身演进中觉悟而得来。如汉代人有一句话，各位听了，也许会觉得很腐朽，或说太陈旧了。这句话说：“黄金满籯，不如遗子一经。”是说家中有满筐黄金传给儿子，不如只传他一部经书。此一部经书中所说的便是尧、舜、禹、汤、周公、孔、孟的内在德性生活。

从前中国的贤父母们，都明白这道理，传给儿子一本经书，可教他如何做人，做人便得在历史大流中做，才可以继往开来。所以中国社会上不断有孝子，他们都在继往开来，他们便都是历史人物，又是历史上的正面人物。不断出历史正面人物，所以历史便不会中断，所以能五千年传到今天。

黄金满筐，须要事业。传子一经，则只注重在生活。各位今天在学校中求学，若是只为谋职业，把谋职业作为目的，一切知识技能都成为手段，这种生活理想便都是向外，事业重过了生活。

各位或许会说，今天的西方人，难道无内在生活吗？中国古人讲德性，难道能没有职业不吃饭穿衣吗？那自然是不错。但人生内外并不能分开，却有个轻重主副。中西历史在此上确是不同。如中国衣服重舒适，西方衣服重工作方面。

中国家庭制度，亦是为生活重于为事业。西方家庭制度，则是为事业重过了为生活。中国从古看重礼乐，亦是生活重于事业之一例。西方社会亦有礼乐，但大体皆从各宗教来。中国礼乐则从政治来。换言之，一重出世，一重入世。大家说中国社会重人情，此是生活。西方社会重功利，此是事业。

论到学术，姑举文学一项言。中国文学偏重内向一型，文学中所表现，即以作者自己生活为主。西方文学偏重外向一型，其表现与完成，乃成为一番事业，在作家之身外，而不在其自身。今天人类登上月球，也是为事业心所策动，而非由于人类生活内在之要求。

归结言之，人类终是为了生活而要有事业的，不是为了事业而要有生活的。

换言之，人生当以“身生活”来完成“心生活”，不当以“心生活”来完成“身生活”。人类渐从自然人生走进文化人生，此是一条大路。但文化人生仍必建基于自然人生之身上，不能如宗教家想法，要摆脱世俗生活。但应在世俗生活中有理想，不能即奉世俗生活为理想。

只有中国人，创辟了此一历史大趋，但我们今天，个人主义、功利思想弥漫日盛。中国四民社会中士的一阶层，本要在此世俗社会上建立历史理想，把如何做人，即如何生活，奉为如何做事，即如何建功立业之基础和准绳。德性道义生活更重要。但此刻则此一阶层渐趋没落。我们也将追随西方，只重个人的外生活，重功利，重事业，新社会将以工商经济为主要中心，一切听命于此。

此从中国传统历史说，乃是天翻地覆一绝大转变。我们要把中国历史大流堵塞，另开新流，此事艰巨且不论，其是非得失，亦该有讨论。

此刻在西方自由资本主义社会中，嬉皮成风，也是个人功利主义一反动。他们中间，何尝没有人不想把生活转放在事业之上，把德性转放在功利之上。然则除却宗教，实没有一套历史积累可资凭借。

而今天西方的宗教力量，实已抵不过他们的世俗人生，所以有“上帝迷失”之叹。然而今天西方的个人功利主义、自由资本社会，亦有他们二三百年的历史演进，因之还是有许多在他们是对症下药之安排。

我们今天，要急速使社会资本化，人生个人功利化，效果未见，然而我们都已是迷失了德性，迷失了道义，以此较之他们之迷失上帝，将更为可怕。

我们的生活，也已急剧进入不满足、不稳定，如此则又何从希望能有事业？我们不能专把此一切归过于物质条件、经济条件上。

各位只要稍一研究我们的现代史，试看中国此一百年来之经过，究竟毛病是出在物质条件、经济条件上，抑是出在人，即是出在我们不足以生出许多许多合理想的人物上？其中是非轻重，即易了解。

我们不要把人才问题转换成财力、经济问题，又把人品问题忽略了。近代中国史上的人物，也不是无才，乃有些是无品。所以我要各位读史，能注意人物贤奸。先问其人之品，再论其人之事。事业上要有才，但生活上则更要有品。我们不登上历史舞台，无才也不要紧，但不能不生活，生活主要在先有品。我先所说之德性与道义，乃是分别人品之主要标准。

历史既不是个人的，也不是十年八年短时期的。不像此室中一盏电灯，只要有人用手一按此开关，便可使全室光明。在人生历史上没有这回事。所以我要劝每一个人都要明白如何参加进入此历史的大趋向，来主宰此历史。

天下兴亡，匹夫有责。今天在座各位，并不是都要学历史，但对于国家民族当前的大问题，都有我们一份责任，也都可有我们一份贡献。

各位或说我是学自然科学的，但就中国历史来说，则人人都该有品，都该有他一份德性生活与道义生活，然后才能在此上来参加历史，做一历史的正面人物。

各位若是学历史的，我此次讲的历史问题，虽没有切实说到中国历史上长时期中之许多人和许多事，但学历史之主要着眼点则应在此。

总之，我们当知，至少我们全是历史上一无名人物，谁也逃不脱。但我们全要做一个历史上的正面人物，不应做历史上一反面人物。此一辨别实最重要。

（此篇为钱穆先生 1970 年在
台南成功大学的专题演讲）

中国文化史研究的意义与方法

研究政治、社会、经济、学术、人物、地理各方面，均属研究中国文化的一部分。我们如果专从文化史来讲，则其范围应仍比上述各方面为大。可以说，“文化”是全部历史之整体，我们须在历史之整全体内来寻求历史之大进程，这才是文化的真正意义。进一层说，历史是人事记载，但有很多人事不载入史籍中。并非不重要，只为向来史体所限，故不一一载入。适才所说的历史整全体，则是兼指载入史籍与未载入史籍的而言。换言之，“文化”即是人生。此所谓人生，非指各人之分别人生，乃指大群体之全人生，即由大群所共同集合而成的人生；包括人生之各方面、各部门，无论物质的、精神的均在内；此始为大群人生的总全体。又当是立体的，而非平面的。即是此整全体之大群人生之兼涵历史演变在内者。中国文化延续数千年以至今天，由其历史演进之总全程，包括一切方面，而来研究其会通合一之意义与价值者，乃是所谓“文化”。

“文化”一词，亦从西方翻译而来。中国从前人研读历史，只要懂得人物贤奸，政俗隆污。凭此一套知识，可以修己治人，则研习史学之能事已毕。现在则世界棣通，各地区，各民族，各有一套不同演进的历史传统存在着。如何从其间研核异同，比较得失，知己知彼，共图改进？于是在历史学之上，乃有一套“文化学”之兴起。此在西方不过百年上下之事。但中国古人实早有此观念。《周易》上有“人文化成”一语。“文”即指人生之多彩多姿各种花样言。人群大全体生活有各部门，各方面，如宗教、艺术、政治、经济、文学、工业等；各相配合，融凝为一，即是文化。此多样之人文，相互有配合，先后有递变。其所化成者，正与近代人“文化”一观念相吻合。故此一翻译，实甚恰当。自此处言，可见文化即是历史，唯范围当更扩大，内容当更深厚。若我们有意研究文化，自须根据历史。因文化乃是历史之真实表现，亦是历史之真实成果。舍却历史，即无文化。

但从另一方面看，研究文化须有哲学智慧。文化本身固是一部历史，但研究文化则是一种哲学。全部历史只是平铺放着，我们须能运用哲学的眼光来加以会通和合，而阐述出其全部历史中之内涵意义与其统一精神来。此种研究，始成为“文化史”。但文化并非即是一套哲学，哲学亦只是文化中之一部门。若认为文化是一套哲学，此实大误。近人如梁漱溟氏著有《东西文化及其哲学》一书。彼似乎只根据哲学观点来讨论文化，亦嫌不足。我们当知讨论文化，此讨论之本身即是一种哲学了，但所讨论者则并非哲学，而是历史。哲学可以凌空讨论，而历史与文化之讨论，则必有凭有据，步步踏实。此一分辨，先当注意。

我下面所讲，并不想讲中国文化内容如何，乃是讲研究中国文化必具有某几项该注意的观点。除了开宗明义的第一点，即“研究文化史要具有哲学头脑，并以历史事实为根据”外，尚有下列诸点，兹逐一分疏，加以说明。

其一，讨论文化史要注意辨异同。

有人说，人类本体既相同，则世界各地区所有文化应亦无大差异。此说诚亦不错。但我们试举一位音乐家与一位运动家作例，一人善钢琴，一人善网球，此两人除此一项相异外，其他方面或可说百分之九十九相同。但我们所要注意者，正是此两人间一善钢琴与一善网球之差别所在。若忽略了此异处，便成为无可说。人同是圆颅方趾，同是五官四肢，但人心不同如其面；虽同是如此圆颅五官，却不该把他们异处抹去。西方学者似乎到今天才始感到有文化学研究之必要。因他们已知世界各地区各有不同的民族文化传统，除却西方自己一套以外，尚有其他文化存在。即就西方欧洲言，如英、法、德、意诸国，他们也感到相互间各有不尽相同的文化传统。因其有此觉悟，才始知有文化研究之可能与必要。我们纵不说文化是多元的，但至少是歧出的。若专从同处着眼，如何能尽文化研究之能事？

在二三十年前，常有人说，西方文化只比中国文化走前了一步；中国文化仅相等于西方的中古时期。若中国能再前一步，便将与现代西方文化无二致。此可谓是一种“文化抹杀论”。世上各民族文化传统尽自有其相同处，然而仍必有其相异处；因此乃有各种文化体系可说。当知每一文化体系，则必有其特殊点所在。有其特殊点，乃能自成为一文化体系而存在。不能谓天下老鸦一般黑，一切文化则必以同于西欧为终极。

其二，讨论文化须从大处着眼，不可单看其细小处。

如西方人初来中国，看见女人裹小脚，男人拖长辫，便认为此是中国文化。此亦是中西一相异处，亦是一特点，但太琐屑细碎了。研究文化若专从此等处着眼，则将永不识文化为何物。若我们指认街上一人，说其面有黑痣，此并不错。但若要我们介绍自己一亲戚朋友，我们若只说其人面有黑痣，此外更无可说，那岂不成大笑话？此等说法，我则名之曰“文化的枝节论”。但见有枝节小处，不见有根本大处。此刻的中国人，男的都不拖辫，女的都不裹脚，但中国文化依然有其独特处；此即枝节与根本大小之辨。

其三，讨论文化要自其会通处看，不当专自其分别处寻。

我刚才说过，政治、经济、思想、学术、艺术、宗教、工业、商务种种项目，都属文化之一面。但在其背后，则有一会通合一之总体。我们若各别分讲上述诸项，虽均属文化范围之内，但所讲只是宗教、艺术、政治、文学等等，并不即是在讲文化。例如一个人，他的日常生活总可分多方面来说。如在学校，在家庭，或在其他的社会场合中。须把此多方面会通综合起来，才说得是明白了解此人。如只能分析，不能综合，此如佛经所说盲人摸大象，有的摸到象鼻，有的摸到象脚。凡此盲者所接触到的，固然均属象之一部分，但部分不即是全体。一只象不能即是象鼻或象脚。凡此盲人所接触者，则并非是一象。若研究文化问题，不能从其会通处看，不能从其总体上求，则最多仍不免是一种文化之偏见。

其四，讨论文化应懂得从远处看，不可专自近处寻。

要知文化有其纵深面，有长时期的历史演变在内，不可仅从一个平切面去认识。如我今天所讲，有的是当前事，有的有一二十年历史在背后，有的乃就两三千年之历史传统言。又如诸位看香港社会形形色色，岂不同样有当前事，有一二十年前事，乃至更远的存在？诸位当知，专就存在于香港社会的事事物物言，亦尽有可追溯到一二千年以上者。诸位当知，文化进展莫不有其长远的途程。在其途程中有波澜曲折，有迂回反复，不断有新的加进，但亦永远有旧的保留。若横切一平面看，便不看见此进展大势。固然以前进展也尽多保留在此平面上，但必须知此平面亦必仍然在进展中。

记得我在小学时代，一天，有一位先生知道我正看《三国演义》，对我说，此书不足看，开头便错了。他说："天下大势，分久必合，合久必分，一治一乱云云，那只是中国人老话。如今世界进步了，像现代西方英、法等国，他们是治了不再乱，合了不再分的了。哪里像《三国演义》上所说！"此系六十年前事。但以六十年后今天情形来说，那位先生的话，准说错了。我想此种说法，只能称之为“文化的短视论”。

文化演进，总是如波浪式的，有起有落。正如一个身体健康的人，他也会有病时。一个身体孱弱的，也会有康强时。所以衡量一人之体况，该看其前后进程。看文化亦然。近几十年来，国人对自己传统文化的看法，似乎都犯了一个短视病。都只从一横切面来说。若我说中国文化有价值，便会有人问，既有价值，如何会成今天般光景？但我也要问，西方文化进程中，难道从没有过衰乱与黑暗的日子吗？以前历史有变，难道以后历史便再不会有变，老该停在今天当前的这般情形之下吗？我刚才所举六十年前我的那一位先生所告诉我的一番话，那时的英国、法国，岂不正是如日中天？我的那位先生正为只从他那时的平切面看，认为英、法诸国再不会走下坡路。但在今天，由我来回头叙述，真使人有白头宫女说玄宗之感慨了。这不过是前后六十年间事而已。故知我们对一个民族文化传统之评价，不能单就眼前所见作评判的定律。我们应懂得会通历史全部过程，回头从远处看，向前亦往远处看，才能有所见。

其五，讨论文化应自其优点与长处看，不当只从其劣点与短处看。

此因任何一文化系统，必有其优点与长处，当然也必有其劣点与短处。就以往及当前言，世界任何民族所创出的任何文化体系，尚无一十全十美的。将来是否能有一个十全十美更无毛病的文化体系产生，很难说。恐怕人类文化，将永远不会有十全十美的。这是上帝造人如此，也无可奈何。我们接待人、领导人、教诲人，或希望督责人，也只有从其长处引进。若专心一意来指摘人短处，则人非圣人，均难自免。如有人长于音乐，我们正可从音乐方面来鼓励培植他，却不宜笑骂他别的什么都不会。专从人短缺处吹毛求疵，则一切人将见为一无是处。

对人如此，对己亦然。不能说专对自己寻瑕求玷便是好。这可说是一种“文化自谴病”。今天的中国人，看自己文化传统，正抱此病。有人说中国文化更无别的，只是有太监、姨太太、打麻雀牌、拖辫子、裹小脚、抽大烟。这些指摘，自也不该否认。但我们要问中国五千年来一部二十四史，是否只是太监、姨太太、打麻雀牌、拖辫子、裹小脚、抽大烟，此外更无别的？我们是否应该软下心，回过头来也说它一些长处？专一吹毛求疵，剔垢索瘢，似乎不是一种好态度。如上所举，太监、姨太太、麻雀牌、辫子、小脚、鸦片烟等，在我们此五千年来之悠长历史中究竟占了何等地位？我们也该一翻二十四史、“十通”等许多历史书籍，此诸形态究从何时开始？究竟发生了何种影响？究否是中国文化之大本大源与大纲大领所在？当然我并不说讨论文化不该批评其短处，乃是说亦应该认识其长处。

而且我认为一种文化之真短处，则正该从其长处方面求。譬如说，我并非一演说家，亦非一语言学家，但此均非我之短处。讨论我之长短者，不应在此方面立论。我此刻是来讲历史文化，诸位找我短处，正该从我所讲中去找寻，去指摘。因此我们讨论文化，正该先了解其长处，然后指摘其短处。不能说一人长于游泳，但偏要他比赛打网球。若不会，便是他短处。

有人说，我向来讲中国史总爱举其长处，如此则容易误认为中国文化有长无短。其实要讲中国史，盛衰进退、治乱兴亡都该讲。不能只讲汉唐，不讲三国与五代。但若你来写一部希腊史，自然只该写希腊出生了亚里士多德、柏拉图和亚历山大，却不必历数希腊没有出生过孔子、释迦和耶稣。希腊后来衰了，但当希腊盛时，那些优点也不该一笔抹去不提。而且写希腊史的，正该在其盛时多着笔，衰了便无语可著了。我上面说过，讲文化依然只是讲历史。不能说今天中国不像样，便对以往不该叙述其长处。这真是“中国不亡，是无天理”了。在我幼时，六十年前的中国人，抱此见解的真不少。他们当然亦是激发于一时爱国热忱。但我们若平心静气来讨论文化问题，则似乎不宜如此般一意自谴。太过自谴了，至少不客观，不真实，没有历史根据。

上面说过，文化只是人生。我们在实际人生中，哪能专找人短处的呢？无论在家庭，在社会，或交朋友，或处师生，人与人间则总有种种关系。若一意专找别人短处，此诸关系也都不可能存在。若真说中国文化只有太监、姨太太、麻雀牌、鸦片烟、长辫和小脚，那真成为“中国不亡，是无天理”了。但试问此世界上岂不仍还有中国和中国人之存在吗？不能因为一意要骂中国和中国人，却骂到上帝瞎了眼，丧了良心，说此是无天理呀！因知做人自谴过甚，也是一病。讨论文化问题，我们也不该只如是般一味自谴自责！

上述关于如何研究文化问题，我特就我们中国此六十年来学术界风气，提出下列诸点：应根据历史真情；求其异，不重在指其同；自大处看，不专从小处看；从会通处看，不专从各别处看；看得远，不可专从一横切面只看眼前；不可专寻短处，应多从长处着眼。

以上讲了些研究文化问题所应保持的几种心习和态度。此下再略谈有关讨论文化问题的其他方面。首先谈到所谓“文化精神”与“文化病”。

任何一种文化都会出毛病，但所谓文化病往往恰好正从其文化优点上生出。此层骤似颇难说，但以浅显例言，如骑者易坠，操舟者易溺，歌唱者易失音，演剧者易失态，历史上亦尽不乏其证。中国传统文化，政治方面可说是最见长的。但中国历史上大病，正以出在政治方面者为多。近几十年来，中国病痛主要亦出在政治方面。若说近代中国工商实业不发达，新科学不生根，这些话也都对。但这些只是外在短处，我们尽可设法补救，或说迎头赶上。所以老不能如此，则正为内在有病。此一病，从中国近代历史讲来，显然仍是政治病。若使政治上没有病，我们想要提倡科学，振兴实业，该不是做不到。故我说，所谓“文化精神”，应指其特殊长处。而所谓“文化病”，则正亦出生在其特殊见长处，而不在其短缺处。

若要把别人长处来弥补自己短处，便有所谓“文化交流”与“文化革新”。但文化体系譬如一七巧板，只是那七块板，却可拼成一头鸟，或一个老人，或一艘船，或一所屋子，或其他种种拼法，可成种种形态。只在此七巧板中，一块位置变动，其余各块也得随着全部变。此处可见文化交流与文化革新之不易。在文化传统大体系中，从外面加进些微影响，亦可使整个文化体系改头换面。当知别人长处与自己长处，骤然间未必便能配合上。所怕是引进别人长处，先把自己长处损害了。自己陷入病中，则别人长处亦将不为我有。故文化交流，先须自有主宰。文化革新，也须定有步骤。此六十年来的中国知识界，既对西方文化并未加以审慎别择，而对自己固有传统更不能深细剖析其利病得失之所在。随便引进一些，却转对自己损害一些。于是意态愈激，遂有提出所谓“全盘西化”之说。但所谓西化，究向西方哪一国哪一民族的文化模型来化呢？这其间也得有别择，仍须有步骤，否则如何全盘地化法？“盲人骑瞎马，夜半临深池。”终是件危险事。

其实这六十年前乃至六十年中，文化何尝不时有革新？只为是无别择、无步骤。譬如那七巧板，初时一两块稍微移动，还依稀见得原来模样是老人、是马。后来逐块都变乱了，原来模样早已消失，但又尽拼不出新样子来。演变到近年如共产党之所为，他们决意一面倒，只求苏维埃化，总算在“全盘西化”中选出一模子，可以照拼照凑。又无奈是文化旧根柢太深固，苦于一时斩不断。在看得见的方面纵使都西化了，但中国的自然背景还在，中国人的传统心习究难尽情铲除，势将仍受多少中国旧传统的影响。

从前有人主张，要劝中国人搬全家去外国留学。但此主张绝难彻底。这一家纵西化了，待这一家回到中国，岂非仍在中国社会里？若使我们能把全体中国人一口气都搬到外国，则岂不仍在外国凭空搬进了一个中国社会？我们人口又多过了任何一个外国，那岂不要把外国社会反而中国化了？这六十年来的中国人，一番崇拜西方之狂热，任何历史上所表现的宗教信仰，也都难相比。所惜只是表现了些狂热的俗情，偏激的意气，最高也只算是空洞的理想，没有能稍稍厝意到历史与现实方面去作考虑。

至此，我们要讲一些文化的“共态”与“个性”。文化有共同处，是其共态。文化有相异处，是其个性。个性有长有短，贵在能就其个性来释回增美。共态是一种普通水平，个性则可有特别见长。但亦不能在个性上太发展，而在共态上太落后。如印度文化，便有此毛病。六十年来的中国人常说：“西方人用电灯，我们用火水灯。西方人乘汽车，我们坐独轮车。我们如何能与人相比！”此亦不错。但此所指，亦只在文化共态方面。在此共态之上，总还得有些自己的个性。又有人说：“我只要能和人一般地用电灯，坐汽车，个性生而俱有，却不怕遗失了。我们尽说全盘西化，但中国人总还是中国人，莫要老在这上面操心。”此一说，骤看像有理，其实是一大荒唐。创为此等说法者，实全不知文化与人生为何事。当知文化与人生，莫不由人的心智血汗栽培构造而成。哪有如哥伦布寻新大陆，一意向西，结果却仍回到东来之理！若果我们全心全力来求全盘西化，西化不成是有此可能的；若谓东方依然是个东方，这却在从来的人类文化历史上难于得证。

我们继此再谈一问题，即是“世界文化”与“民族文化”之别。究竟统一性、大同性的世界文化将在何时出现？此问题谁也不能答。或者我们可以说，这一种世界文化，在今天已在酝酿开始了。但何时能成熟确立，此尚有待。在我认为，世界文化之创兴，首在现有各地区各体系之各别文化，能相互承认各自之地位。先把此人类历史上多彩多姿各别创造的文化传统，平等地各自尊重其存在；然后能异中求同，同中见异，又能集异建同，采纳现世界各民族相异文化优点，来会通混合建造出一理想的世界文化。此该是一条正路。若定要标举某一文化体系，奉为共同圭臬，硬说唯此是最优秀者，而强人必从，窃恐此路难通。文化自大，固是一种病；文化自卑，亦非正常心理。我们能发扬自己文化传统，正可对将来世界文化贡献。我能堂堂地做一个中国人，才有资格参加做世界人。毁灭了各民族，何来有世界人？毁灭了各民族文化传统，又何来有世界文化？

我下面将再略说文化的陶冶与修养，及其承担与护持。或有人问：你上面所说诸项文化问题及发挥中国文化优点，固然也可能很对。但中国文化在今天，确已像到了一条山穷水尽之路。要何人来承担此一番文化复兴之大任，以及如何来护持此一份文化业绩于永存呢？此一问题，该是很艰巨。但我的答案则很简单。中国古人说："道不虚行。"又说："苟非至德，至道不凝焉。"文化的责任，只在人身上。明末清初大儒顾亭林曾说："天下兴亡，匹夫有责。"

此一番文化业绩之护持，其职责正落在我们当前各人的身上。自然非有一番文化修养与文化陶冶的人，便无法来善尽承担文化与护持文化之责。上次我说过，只要有中国人在，在其背后则必带有一套中国的文化传统；此是从一面说。但话又得说回来，今天的中国，对自己以往那一套文化传统，有的存心鄙薄，有的漠不关心，似乎中国人对中国自己文化传统，并不能如其他民族般保守与固执；此亦或可是中国人一长处。但今天若要承担与护持中国文化，则非先有人能受良好的文化修养与陶冶不可。此事可以深言，也可以浅说。今天我们或许对政治、对经济、对学术各方面已感到自己力量薄弱，无法来分担此责任。但如何像样地做一个中国人，这总该是人人有责，而且人人可能，这是在人人自己本分内能力所及之事。难道我们便不能自信我自己能做一个中国人吗？你不信你自己能像样地做一中国人，难道你准自信能像样地做一外国人？若能像样地做一中国人，此人便已接受了中国传统的文化修养与文化陶冶，亦已对中国文化有所承担、有所护持了。

或有人还要问，中国文化究竟在将来有无出路？此则触及文化自信与文化悲观的问题上去。我曾指出，在目前，连西方人也对他们自己的文化传统陷于悲观，失却自信；则无怪我们要提出此问题。但文化本是由人创造的，文化要人继续不断地精进日前永远去创造。路在前面，要人开，要人行。不开不行，便见前面无路。却不是前人创下此文化专来供后人享受。一个文化中所留下的物质成就，是可供人享受的。一个文化中所蕴有的精神力量，则待后起人各自磨炼来发扬，来持续。文化本身是属于精神的。仅存着一堆物质，到底不成为文化。因此，此一问题无可讨论。失却自信，便真可悲观。只有我们把各自信心先树立起，便见无可悲观处，接着的问题才能有讨论。

以上所讲，只就我个人针对着近六十年来中国人讲文化的一般流弊和短视之处说起。我只因生在此时代，深受此一种时代思潮观念之影响，心中老觉苦闷不安，总想在此问题上找一出路，让自己心下得一解决，因此引生出这许多想念来。但我此种种想念，亦非凭空随便的想。我自问是曾在以往历史上下过一番功夫，而始引生起此种种想念的。

由于时间所限，所讲总嫌空泛肤浅，又是语焉不详。我不能站在纯历史、纯学术的立场来讲话，有时不免带有情感，随便空说，请诸位原谅。

（此篇为钱穆先生 1961 年在香港孟氏教育基金会的演讲）

中国学术传统的精神

根据以前数讲，有关政治、社会及经济诸端，可以明显地看出中国历史之浑融一体性。而中国历史之所以能不分裂与无中断，亦颇于此可见。中国历史文化传统源远流长，在其内里，实有一种一贯趋向的发展。我们并可说，中国历史上之传统理想，乃是由政治来领导社会，由学术来领导政治，而学术则起于社会下层，不受政府之控制。在此一上一下循环贯通之活泼机体之组织下，遂使中国历史能稳步向前，以日臻于光明之境。

前此我已提及中国历史上之伟大人物周公。周公实近似于西方哲人柏拉图在其《理想国》中所要求的理想政治领袖。但周公不是一“哲人王”，仅是一“哲相”。他可说，是以一“学者哲人”身份，而来建立了西周一代的政教礼制，奠定了中国此下数千年的优良基础。周公之后，继者有孔子。孔子所理想，即是复兴周公之道。孔子曰：“甚矣！吾衰也！久矣，我不复梦见周公。”可见他对周公之衷心向往。孔子在政治上虽不得意，但在学术上则有更伟大之成就，更深远之影响。中国此后之全部学术史，即以孔子及其所创始之儒家思想为主要骨干。我们又可以说，以学术来创立政教制度者，以周公为第一人，而孔子继之。如韩昌黎所说：“周公在上，故其事行。孔子在下，故其说长。”[1] 两人之不同者在此。

此后先秦诸子，他们中的多数，亦如周公、孔子般，同有一番他们的政治理想与政治抱负。他们亦都想把他们各自所开创信守的一套学术思想，来创建一新制度，推行一新政治。此等态度，可说与儒家基本精神相差不远。至秦汉以后，中国学术大致归宗于儒家。此非各家尽被排斥之谓，实是后起儒家能荟萃先秦各家之重要精义，将之尽行吸收，融会为一。故在先秦时，尽有百家争鸣，而秦汉以后，表面上似乎各家都已偃旗息鼓，唯有儒家独行其道。按诸实际，殊不尽然。此因中国学术精神，乃以社会人群之人事问题的实际措施为其主要对象，此亦为中国学术之一特殊性；儒家思想之主要理想及其基本精神即在此。而先秦各家思想，大体亦

1 编按：出自韩愈《原道》一文，原文为“由周公而上，上而为君，故其事行；由周公而下，下而为臣，故其说长”。

无以逾此。故能汇归合一，而特以儒家为其中心之主流而已。

故中国学术之主要出发点，乃是一种“人本位”主义，亦可说是一种“人文主义”。其主要精神，乃在面对人群社会中一切人事问题之各项实际措施。如上述政治、社会、经济诸端，皆属此对象下之一方面、一部分，皆可以“实际人事”一语包括之。故中国学术精神之另一表现，厥为“不尚空言”，一切都会纳在实际措施上。所谓“坐而言，起而行”。若徒言不行，著书立说，只是纸上加纸，无补实际，向为中国人所轻视。因此如西方所有纯思辨的哲学，由言辩逻辑可以无限引申而成一套完整之大系统大理论者，在中国学术史上几乎绝无仅有。故在中国学术史上，亦可谓并无纯粹之思想家或哲学家。“思想”二字，实近代中国接触西方以后所兴起之一新名词，中国旧传统只言“学术”，或言“学问”，不言“思想”。因中国人思想之对象即在实际人事问题上，必须将此思想从实际措施中求证验。所谓“言顾行，行顾言”，而毋宁尤贵行在言前。故中国哲人之一切言辞，似乎只是一种人生经验与其绩效之概括的叙述与记录而已。其立言大本，即在人生实际，不在一套凭空的思想体系上。

如《论语》开首即云:“子曰:学而时习之,不亦说乎!有朋自远方来,不亦乐乎!人不知而不愠,不亦君子乎!”

此不能谓是孔子之一套思想或理论,仅可谓是孔子对于全部人生提纲挈领的一项叙述而已。此乃由孔子观察日常人生,及其切实践履,所获得之亲身经验之一种记录。因此我们对孔子此番话,亦不能随意运用自己一套思想或语言逻辑规律来加以批评。因此乃孔子所亲身体会之一种实际人生,不是一纯思想,或纯理论。若欲领悟此中滋味,亦必得投身于此实际生活中,亲身有此一番实际体验,才能印证其说。因此中国人讲学问,恒以“知”“行”两字并重。无论说“知难行易”“知易行难”“知行合一”云云,均将知与行两项连在一起说。即如上面所举《论语》首章,你必真做到“学而时习之”的工夫,才能体验出此心喜悦之情,这是第一步。继此以往,然后“有朋自远方来”,便觉无比快乐,此为第二步。更进而达到“人不知而不愠”的境界,此为第三步。我们当知,如无第一步实践,便无从有第二步。如无第二步到达,亦无从说到第三步。此属一种人生境界,非关思想体系。因此中国人教人做学问,必须知行配合来做。即如“学问”二字,也都是属于“行”的方面者。“学”与“问”，皆须从实习下手。

此种精神，却可谓与西方人之现代科学精神相近似。科学研究必重实验，实验到这一步，再推想到另一步；如此逐步推进，却不走远步逃离实验凭空一口气推想出一番大道理来。但中国学术传统，究与西方近代科学有其迥异处。这因西方近代科学所研究之对象，乃指向于自然界之一切实物与现象；而中国传统学术所着意者，乃在人文界之一应实事上。自然物变动少，研究自然可有一恒常不变之共同对象。因此前一人研究所得，后一人可以凭此继续深进。探求了这一面，再继续探求那一面。进入了这一层，再继续进入另一层。研究科学可以按部就班地拾级而登，后人所发明或发现，常可超越前人，有日新月异之慨。近代有了爱因斯坦，便可超越了昔时牛顿所发明之几项定律，而更有新发明。后人有新发明，前人所发明者即续被修正。

但此种情势不能转用到人文界。人是活的，人常在变动中，人事亦常在变动中，真所谓“不居故常，一日二日万几”。所以处理人事，只有“因地制宜”之一法。骤然看来，似乎中国人讲学术，并无进步可言。但诸位当知，这只因对象不同之故。即如西方人讲宗教，永远是一不变的“上帝”，岂不较之中国人讲人文学，更为故步自封，顽固不前吗？当知中国传统学术所面对者，乃属一种瞬息万变把握不定的人事。如舜为孝子，周公亦孝子，闵子骞亦复是孝子：彼等均在不同环境不同对象中，各自实践孝道。但不能因舜行孝道在前，便谓周公可以凭于舜之孝道在前而孝得更进步些，闵子骞又因舜与周公之孝道在前而又可以孝得更进步些。当知从中国学术传统言，应亦无所谓进步。不能只望其推陈出新，后来居上。这是易明的事理。

其次，再说到人事牵涉，固属复杂多端，但既属人事，则必是可以相通合一的。因此中国以往学者，很少对政治、社会、经济等项，分途作各别钻研的。因人事只是一整全体，不能支离破散来各别对治。如硬要将此等各别划开，只从某一角度为出发点去作研究，固亦可以著书立说，成一家之言，言之成理，持之有故；但配合到实际人事上来，则往往会出岔。如西方人讲经济学，亚当·斯密之“自由经济”的理论，岂不言之成理，持之有故？但推行过当了，便会出毛病。至如马克思的“阶级斗争论”，则更不必说。但单就其理论看，又何尝不是言之成理，持之有故，有他一套思想体系。只是凭空一口气说得太过远了，太过周到了，再放到人事实际问题上来，反而不适切。

中国的学术传统，则较喜欢讲“会通”，不甚奖励成“专家”。一言一行，总须顾全大局。因此用西方人眼光来看中国学术，自然没有像西方那种分道扬镳，百花齐放的情形。两相比照，若觉中国的不免失之单调和笼统。其实此亦中国学术传统之一特殊处。譬如有人说孔子是一政治家，这并不错。或说他是一哲学家或教育家或史学家等，也并没有错。甚至说他是一社会学家，也未尝不可。但孔子之伟大，并不在他的某一项专门学问上。当时人就说孔子“博学而无所成名”。此后学术传统如此，中国学术史上伟大人物，常只是一普通人，而不能像西方之所谓专家，这也是事实。

中国学术史上亦并无专家。如天文、历法、算数、音乐、法律、医药、水利、机械、营造之类，都须有专家。但中国本于其传统的人文精神，一向学术所重，则在通不在专，在彼不在此。此为治中国学术史者所不可不知。

上面讲到中国学术传统侧重在人文界，必求落实于人生实际事务上，我姑举《大学》“三纲领八条目”来说。

讲到人生实际问题，实跳不出《大学》所提出的修身、齐家、治国和平天下之范围之外。欲达到上述目标，首先必须做到正心和诚意。我们且试问，为何我们不在此大群体内，各自谋求个人小我之出路与打算，与夫个人私生活之享受；而必要贡献我自己，来担当齐家、治国、平天下的大任？我们的人生大道，为何必要只尽义务不问权利？当知此处，实见中国传统学术中，寓有一番宗教精神在内。故在中国文化体系中，不再有宗教。宗教在中国社会之所以不发达不长成，因儒家思想内本已含有一番宗教精神，可以来代替宗教功能了。此又为中国文化之一特殊点。而此项宗教精神之获得，则基于各人之心性修养工夫。

所以就儒家学术言，正心、诚意是“体”，修、齐、治、平是“用”。但单有此心，如无具体知识，则此体仍不全，亦发不出用来，因此要“致知”。若对外在事物，家国天下，漫乎茫然，一无所知，又如何得有修、齐、治、平之用？只要你不能修、齐、治、平，则仍即见你心不正，意不诚。空有此一番心情，表现不出真实功用来，如何能说是心正意诚？心正了，意诚了，自会逼得你去求取知识。此和西方哲学所谓“爱智”一词又有些不同。

西方哲学所求是一套纯知识、纯理论。他们认为此知识与理论可以超事物而先在。他们只是为知识而知识，认为要获得那套纯知识、纯理论，则应先超乎种种对实际事务之外之上来运用思想，然后其所得乃纯乃真；然后再把此一套纯知识、纯理论安放进实际人生中。此是西方哲学精神。因此西方哲学只是一种纯真理、纯知识之爱好与追求。

中国学术精神则比较谨慎，爱切实，不迈远步。凡属所知，必求与实事接触，身体力行，逐步做去，始能逐步有知。在这社会大群体中，在国家有君臣，在社会有朋友，在家庭中有父子、夫妇、兄弟诸伦。因说“致知在格物”。此“物”字并非专指的自然界之物，更要乃是指的人群间一切实事。“格”是接触义，若不和人群社会中事事物物相接触，即得不到知识，即不能应付此一切的事事物物，也就不能修、齐、治、平，亦即不能说是心正、意诚了。

由上说再推申，我认为中国传统学术可分为两大纲：一是心性之学，一是治平之学。心性之学亦可说是德性之学，即正心、诚意之学。此属人生修养性情、陶冶人格方面的。中国人所讲心性之学，又与近代西方的心理学不同。近代西方的心理学，可用一条狗或一只老鼠来做试验，主要乃从物理、生理方面来讲心理，把心归入到自然界物的一方面来看。中国的心性之学，则是反应在人生实际问题上，人类所共同并可能的一种交往感应的心理。把实行的分数都加进了。“治平之学”亦可称为“史学”，这与心性之学同样是一种实践之学。但我们也可说心性学是属于修养的，史学与治平之学则是属于实践的。具备了某项心理修养，便得投入人群中求实践。亦贵能投入人群中去实践，来做心性修养工夫。此两大纲，交相为用，可分而不可分。

在先秦诸子中，学术路向各有不同。如道家之老庄，对人类心性方面极有研究，所缺的是不很看重历史经验。如墨家墨子，特别重视人群治平实践，他常称道尧、舜、禹、汤、文、武、周公诸圣人，又好称引《诗》《书》，是其颇重历史经验之证。但不甚通达人之心性，则是其所缺。只有儒家孔、孟，乃于心性、治平两途并重，兼道、墨之长而无其缺，故能成为中国学术史上之大传统。我们如能循此条理来治中国学术史，便易于把握。如汉唐学术偏重在实践方面，宋明时代则偏重在心性方面。亦非说汉唐人只重实践，不讲内心修养。亦非说宋明人只讲心性，而无人事实践。不过在畸轻畸重之间，各有不同而已。

故欲研究中国学术史，首须注重其心性修养与人群实践。换言之，须从学者本身之实际人生来了解其学术。若漫失了学者其人，即无法深入了悟到其人之学。故研究中国学术史，必特别注意各学者之人格，即学者其人之本身。此又与研究西方学术不同。在西方，一思想家，如卢梭、叔本华、尼采等，其人其学，可以分而为二，我们只注重其思想、其哲学体系即可，其人不占重要。但如研究中国学术史，而忽略于此学者之本身，只注重其思想，不兼求其人格，即无法把握到其学术之主要精神所在。

尤其是中国学术传统主要在学为人。学为人，尽人事。中国人讲人事又有三大目标，即春秋时鲁叔孙豹所提出的“立德、立功、立言”三不朽。此又非如西方人所谓之灵魂不朽，乃是在社会人群中，对人生德业、言行贡献上之不朽。此种不朽，从某一方面说，只大伟人始有。但从另一方面说，亦是人人皆能。最高的是心性修养为立德，其次治平实践为立功，又次为立言。只要是一有德人，便可说对人群有贡献。如做一孝子顺孙，贤妻良母，已是对其家庭有贡献。孔子所谓“孝乎唯孝，友于兄弟，是亦为政，奚其为为政”即是此意。只要是一有德人，便即有言。子曰：“学而时习之，不亦说乎！”孔子此言，只是报道其一己修养所得而已。

故立功与立言，仍皆以立德为本源。中国文学界，通常认为李太白诗不如杜子美，柳河东文不如韩昌黎。李、柳之所以稍逊于韩、杜者，主要差别不在其诗文上，乃在自其诗文所反映出作者所内蕴之德性上。此三不朽，各时代人对之亦各有所偏。如汉唐人重立功胜过于立言，宋明人重立言胜过于立功。要之，则皆须自德性出发。此乃中国学术传统最精微之特点，我们必须认取。

我在上面已说过，中国学术分两纲：一为心性修养之学，另一则为治平实践之学，亦即可谓是史学。我们如欲了解如董仲舒、魏徵等在政治上之贡献，或朱熹、王守仁等在学术上之贡献，无论如何，均须通史学，同时又须通“心学”。此“心学”一名词，乃系我个人所新创，与宋明儒所谓心学，广狭用意略有不同。当我们研究董仲舒、魏徵、朱熹、王守仁诸人时，不可撇开其事功实践与人格修养，而单从其著作思想方面去研究。因中国人认为著书立说或建功立业，无论在社会任何方面作任何表现，同时必先有其一番心性修养，与其所表现之背后一种人格德性作根柢。此种心性修养与人格德性，究已达到何等境界，此事十分重要。

中国传统学术每喜欢评论人物，把人类分等第。如圣人、贤人、君子、小人等，此种皆自其心性修养与人格德性所到达之境界来分。即如三国时代曹操与诸葛亮，我们对此两人之评价，亦多不专注重在其事业上，亦不专注重在其文章学问上，主要乃自此两人之内心境界与德性学养作评判。此等评判标准，即是中国学术大传统之主要精神所在。诸葛亮六出祁山，在功业上并无大成就，然其对领袖之忠贞，其“鞠躬尽瘁，死而后已”之仁心诚意，则备受后人崇拜。当其高卧隆中时，抱膝长吟，自比管、乐。然又只愿“苟全性命于乱世，不求闻达于诸侯”。待刘先主三顾草庐，始许出膺艰巨。此等出处大节，更受后人仰敬。至于曹操，他曾对人说:“宁我负人，毋人负我。”别人评他是“治世之能臣，乱世之奸雄”。尽管他能横槊赋诗，不愧为一代文豪；又其政治、军事各方面所表现，固能睥睨一世，高出辈流；但他还是备受后世之讥嘲与轻视。此等处，莫看作无关学术。有志研究中国学术者，必当先从此等处着眼。

中国学术是崇尚实际的，一切应自其人格境界与其历史影响两方面来作推究。孟子所谓“知人论世”一语，意即要知道某一人，必须从其人之一生之真实过程中作探讨、作衡评。孟子所谓“论世”，似并不全如近人想法，只系专指其人之“时代背景”而言。从这一点上，再回到《大学》所提出的明明德、亲民与止于至善之三纲领来说。明明德是德性之学，亲民是治平之学，止于至善则是其最高境界。中国人所理想，人在群体社会中，所应向往、所该表现的最高鹄的即是“善”。我们亦可说，中国整部历史，正是蕲向于此善。中国整个民族，也是蕲向于此善。此乃中国学术思想最高精神所在。若没有了这“善”字，一切便无意义价值可言。

我乘此再提出几点研究中国学术而常为近代所误解的历史事实来一谈。

第一点，近代一般人常说，自汉武帝表彰六经，罢黜百家，从此学术定于一尊。

此说若经细论，殊属非是。东汉以后，老庄道家思想复盛。又自魏晋南北朝以迄隋、唐、宋、元、明各代，佛学传入，蔚成为中国学术传统中重要之一支。如何能说中国学术自汉以后即定于一尊呢?

第二点，常有人以为，中国历代帝王利用儒家思想，作为其对人民专制统治的工具。

此说更属荒谬。我上面说过，中国历史是盼由学术来领导政治，再由政治来领导社会，而学术则由社会兴起，非受政府控制。例如汉武帝立五经博士，当时朝廷所崇是今文学派，但此后民间所尊却是古文学派。魏晋南北朝时，政府亦还是崇尚儒学，然老庄与佛学成为社会大风尚。唐代时，朝廷优遇沙门，佛教极畅行，但韩愈提出辟佛之呼声。政府以诗赋取士，而韩愈偏要提倡古文。宋代曾规定以王安石《三经新义》取士，司马温公首先反对。他的意见，谓不该以王安石一家言来作取士标准。又如民间学者如二程，其所提倡，显与朝廷功令相反。程伊川晚年被斥为“伪学”。朱子在南宋，亦曾被斥为“伪学”。他的《四书集注》，后来作为明清两代考试取士标准，但如阳明学派，即在此处反对朱子的。清代考据学派，专一反对朱子。此中固亦未尝无门户之见，但在中国学术史上，往往在朝、在野双方意见相反，常是在野的学术得势，转为此下政府采用，而又遭继起的在野新学派所反对。此在中国学术史上，是一项极该注意的大趋势。不明白此一趋势，便无法明白中国学术之真精神真贡献所在。

其次再从正面讲。我上面再三提及，研究中国学术，主要不越心学与史学两途。如《论语》首章孔子所说的“说”“乐”与“不愠”，都是从内心处讲。此内心的品德学养，即成为其人之人格境界，亦即是人生真理所在。此项真理可以反而求诸己，故有如宋儒所云："不识一字，亦可还我堂堂地做个人。"讲学术而可以讲到"不识一字"，此亦中国学术之独着精神处。若不从我所谓心学着眼，几乎可疑此等说法不是在谈学术。

至如史学，同样是中国学术一大主流。若要真在修、齐、治、平上作真贡献，总须对过去历史有一了解；更贵能穷原竟委，窥其变迁，然后才能针对现实有所作为。我们甚至可说，中国学术主要均不出史学范围。孔子作《春秋》，即是史学开山。汉人崇尚经学，经学在当时，实即是史学，因其所讲不出周公、孔子治平实绩与其理想，皆属以往历史范围。后来古文学家所提出之《毛诗》《周官》及《左传》诸经，更见其近属史学。也可说后来中国儒学传统，大体不出经学与史学两大部门。而就"经学即史学"言，便见儒学也即是史学了。因此中国历史学家，其实也多是儒家分支。如魏晋南北朝，虽尚清谈玄言，但同时史学鼎盛。若我们逐一细究，诸凡当时有名的史学家，大体上均可说他们是儒家。因史学所讲，主要必有关修、齐、治、平。若其人只讲老庄与佛学，自然不会对历史有兴趣。又如王肃、杜预诸大儒，虽被称为经学家，亦无不有史学精神贯彻在内。下至唐代，佛学最盛，文学次之，但史学并末中歇。如唐初诸臣修《晋书》与《隋书》，继之有颜师古、刘知几、杜佑等史家。宋代则史学尤盛，著者如欧阳修与司马光。南宋有吕东莱及浙东学派等。朱子后学，在元代如王应麟、胡三省、马端临诸人，皆在史学上表现。明初则有宋濂、刘基，虽不著史，但其留心史学是必然的。至清初时，大史学家辈出，如顾亭林、黄梨洲、王船山诸人，此等皆属儒家。甚至到清代考据学大盛，其实此时所谓考据学仍应属于史学范围，只是较狭义的史学，亦仍是较狭义之儒学而已。

故在中国学术史上，史学所占地位极重要，堪与心学分庭抗礼，平分秋色。中国学术传统主要在如何做人，如何做事。心学是做人大宗纲，史学则为做事大原本。我们要研究中国学术，此二者一内一外，最当注意。欲明儒家学术，则必兼备此二者。

我又说过，中国历史原是浑融一体的。中国历史上的政治、经济、社会、学术等项，亦莫不皆然。我们该自一项制度之背后，究察其所以制定与推行此制度的居心与动机。若我们能把心学与史学配合研究，自见整个中国民族一部中国史主要精神主要向往，大可用一“善”字来概括。我们所谓善人善政，善言善行。青史留名，只是此一“善”。此一“善”字，正是儒学中至为吃重的一字。

但近代的中国人，偏喜用恶意来解释中国史，如说尧、舜、禹、汤、文、武所谓古代圣人，尽出后人伪造，即是一例。但我们纵说这些是后人伪造，亦足以证明伪造此一派古代圣人的种种故事的人，岂不在希望这一部中国历史，能成为一部“善”的历史吗？后代人永远信受此伪造，亦见后人也都希望这一部中国历史能成为一部“善”的历史了。生于其心，自可见于其政。则此下的中国史，自不当专一以恶意来解释。西方人把真、善、美分开说，中国人则专一重视善，把美与真也要包进在善之内。我们研究中西学术与中西历史，自可比较见之。

近百年来，此中国学术传统中之两大纲，即心性之学与历史学，正日趋式微。此一巨变之后果，在今日，我们固无法揣测。但若我们要回头来研究中国以往学术，则此心学与史学之两大纲，总不宜放过不理会。此乃中国学术传统中之特殊点，所截然不同于西方者。我希望将来有人，能将中西双方学术思想，作一更高的综合，却不该先自藐弃了自己的。

我希望在今天的中国人中，能有少数中的少数，他们愿意抱残守缺，来多学多懂一些中国学术，来对中国历史文化理出一个头绪。这不仅对中国自己有贡献，也可对世界人类有贡献。

（此篇为钱穆先生 1961 年在香港孟氏教育基金会的演讲）

中国经济史的特点与研究方法

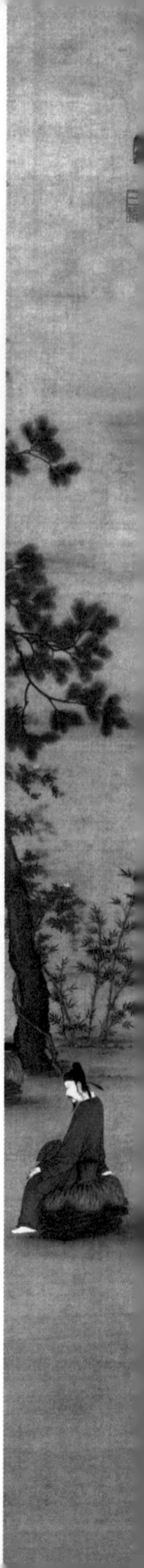

中国历史传统对经济的问题所抱一项主要的观点，即是物质经济在整个人生中所占地位如何。经济对于人生自属必需，但此项必需亦有一限度。亦可说，就人生对经济需要言，并不是无限的。

经济之必需既有一限度，我姑称此限度谓之是经济之水准。倘经济水准超出了此必需限度，对人生可谓不必需。此不必需之经济，我姑称之谓是一种高水准之经济。然所谓高水准，即已是超水准。

它既已超过了人生必需的限度，这便是无限度，亦即是无水准可言了。低水准的必需经济，对人生是有其积极价值的，可是不必需的高水准经济，却对人生并无积极价值。

不仅如此，甚至可成为无作用、无价值，更甚则可产生一些反作用与反价值。此种经济，只提高了人的欲望，但并不即是提高了人生。照人生理想言，经济无限向上，并不即是人生的无限向上。抑且领导人生向上者，应非经济，而实别有所在。

此一观点，实乃中国人对于经济问题之一项传统观点，其在中国经济史之发展过程中，甚属重要。我们要研究中国经济史，必须先着眼把握此点。此亦中国历史所具特殊性之主要一例。

中国以农业立国，只有农业生产为人生所最必需，乃最具低水准经济中所应有之积极价值者。昔英国社会学家詹姆斯[1]撰有《社会通诠》一书，彼谓社会演进之顺序，首系游牧社会，次为农业社会，再次始为工商社会。其实此说亦非完全恰当。因由农业社会进入工商社会后，农业仍不可缺。

若一社会脱离了农业，此社会即无法生存。至如近代帝国主义下的社会，凭其高水准经济来推进其殖民地征服，此项事实不可为训。马克思继承詹姆斯之后，似乎他的目光，也都注重在工商业方面。马克思的经济理论，主要在从工业生产中指出一项剥削劳工的剩余价值来。马克思虽提倡唯物主义史观，但其眼光所到，似乎并未看重到农业，亦未为此农业生产在他的理想社会

1 编按：现多译作爱德华·甄克思（Edward Jenks）。

中作一好好的安排。今天共产主义社会所最感烦扰棘手不易解决的问题，亦即在农业问题上。可见近代西方学者论社会，论经济，都不免太过侧重于工商业，而忽略了农业，这实是一大纰缪。

中国又是一个大陆农业国，物资供应，大体上可以自给自足。中国古人似乎很早就觉悟到我上面所说低水准经济之积极价值方面去。正为对于人生的低水准经济需要易于满足，于是中国历史很早就走了一条人文主义的大道。

中国的人文主义，亦可说是人本位主义。因此中国历史上各项经济政策，亦都系根据其全体人群的生活意义与真实需要而来做决定。农业经济最为人生所必需，其他工商业，则颇易于超出此必需的水准与限度以外，而趋向于一种不必需的无限度的发展。如现代资本主义社会般，人生似乎转成追随在经济之后。经济为主，而人生转为副，这是本末倒置了。

中国的历史传统，常能警惕地紧握着人生为主而经济为副的低水准的经济观。故谈及经济问题时，常特别注重于“制节谨度”这四个字。节与度即是一水准，制与谨则是慎防其超水准。中国人传统意见，总是不让经济脱离了人生必需而放任其无限发展。此项发展，至少将成为对人生一种无意义之累赘。一部中国经济史，时常能警惕着到此止步，勒马回头，这是一大特点。

西方历史在中古时期封建社会崩溃以后，即产生了自由工商业。其实在中国，大体上亦有此相似趋势。当战国以下，古代封建政制崩溃，社会上便兴起了三种新势力。直到汉代，其情势甚为显著。在太史公《史记》中有《儒林》《货殖》《游侠》三列传。《儒林列传》中人物属于“士”之一阶层，乃由中国游士演变而来。只是在列国纷争时代的游士，演变为大一统政府下安心归集于同一中心之下的儒士，这一不同而已。

要之，士之势力，在当时已几乎代替了古代的封建贵族的势力，但亦只是代表着其一部分势力而已。

其第二类则为自由商人，在战国时期如陶朱公、白圭，下逮吕不韦以邯郸大贾位至秦相。可见当时商人势力之大已骎骎乎超过封建贵族了。

太史公《货殖列传》称此一批人为“素封”，即指其凭借财力代替以往封建贵族在社会上之地位。虽没有封地，即等如有封地，故谓之素封。

其第三类为游侠，此种人在西方历史上并没有相类似之发展。在中国古代社会中，游侠之背景先似近于士之一类型，而终究则归属于工商业货殖传一类型中。

不过游侠所为，乃是专在营干冒犯政府法令之一应工商生利事业者，故当时称之为“奸”。举例言之，如入山开矿、铸钱、烧炭、掘冢等。此等事业，都是结集群体劳力来从事违法的生产。太史公《货殖列传》中亦云：“其在闾巷少年，攻剽椎埋，劫人作奸，掘冢铸币，任侠并兼，借交报仇，篡逐幽隐，不避法禁，走死地如骛者，其实皆为财用耳。”这一番叙述，已指出汉初游侠行径，与货殖中人之异途同归了。

此三类人物，显然就是古代封建贵族崩溃以后，社会上新兴之三流品。当时唯儒林中人物，只在农村里面半耕半读，安分守己，不失一平民身份。而那些商贾游侠，则无不交通王侯，奴役平民，在社会上占有绝大势力。但自武帝重儒生，开始组织士人政府，一辈士人所抱的观点乃在政府中活跃呈现，遂开始来禁绝游侠，裁抑商人，使此下的中国社会走上一条与西方历史绝不相同之路向。

正因为中国的士，尤其是儒家，他们都抱有一番如我上述的经济观点。此种观点，当然导源于农村社会者为多，酝酿于工商城市者为少。由于抱有此种观点的人物，出来站在上位做领导，遂使此后中国社会乃别有一种特殊的发展。

今举先秦时代三本在后代最显著流行的儒书中所言，来代表当时人对经济意见之一面。

一、《论语》云：“不患寡而患不均，不患贫而患不安。”此乃两千年来仍为人所最服膺之理论。即使用诸今日，仍是切中时弊。我们亦可说，二十世纪的世界并不穷，人口生殖力亦强，所患只是在不均与不安。我们当知如专从经济着眼，一切仍只是以经济为主，则此后世界将来永远无法得均得安。

孔子此言虽说的是经济，但其着眼处却并不在经济上。

二、《大学》云：“有德此有人，有人此有土，有土此有财，有财此有用。”此处之所谓“德”，即是《大学》开始时所谓之“明德”。人类有此明德，才可相结集。人之结集，即是土地之拓展。土地拓展了，则不患财用不充足。近代西方帝国之殖民政策，则正与此相反。因财用观点而拓展土地，而奴役人民，而抹杀明德，此亦本末倒置了。《大学》此言，亦与近人提倡的户口政策不同。

近人认为须有足够的土地，才能维持适当数量人口的生计。因此人口数量不能超过有限土地所能承受的生产力。中国过去社会并不适用此番理论。因过去中国是一大陆农国，人群和合了，亦即是土地拓展了，也即是财用充足了。

因此说:“德者，本也；财者，末也。外本内末，争民施夺。是故财聚则民散，财散则民聚。”《大学》此种理论，贡献给此下中国作为传统之经济政策之张本，我们实应注意。

三、《荀子》云:“故制礼义以分之，以养人之欲，给人之求。使欲必不穷乎物，物必不屈于欲，二者相持而长，是礼之所起也。”荀子主张，吾人之物质欲望不可超过现有之物质限度。当然，现有的物质限度亦须能适应现有之人之物质欲望。在此两者间，须互相调节。使人的内心欲望与外在的物质生产双方相持以长。荀子此言，亦是一种人文本位的经济理论。即是中国人一向的经济理论，均以人文主义为立场，或可说以道德主义或礼义主义为立场的。

人生的欲望，本可无限地拓展提高，但欲望无限提高，并非人生理想所在。若使物质经济常追随于人生欲望之后，而亦求其无限提高，此将使人生永成一无限。无限向前，却是无限的不满足与无休止。此将是人生之苦痛与祸害，绝非人生之幸福与理想。故领导人向前者，应属之于道德与礼义，不应属之于欲望与经济。

人之种种欲望与物质经济，应受人生理想与道德之领导才对。

以上理论到汉代，又出了多位名人如贾谊、晁错、董仲舒等，他们之政治抱负与经济理想，均是因袭上述儒家思想而来，今举董仲舒之言以证明之。他说："使富者足以示贵而不至于骄，贫者足以养生而不至于忧。以此为度而调均之。"当知社会绝不能无贫富相差，但当使富者知道他只是在社会上地位较高而止。诸如大艺术家、大政治家、大科学家等人，他们贡献比普通人大，自当获得较高之地位与待遇。即使共产主义社会，亦莫不如此。吾人实无法反对此种差别。只是不可让人由富生骄，丧其明德，否则便于己无益，于人有害了。

至于穷人，与富人比较当然是穷。穷富自在所难免。但当使穷者得到低水准的必需，而有他们低限度的生活，不可使他们内心忧愁。

董仲舒所言之富与贫，只是在同一水准上比较而稍有差别而已。总之，富与贫均不可超水准，而此水准则以人生之理想为依归而建立。

人应该活得近理想，如近代之西方国家，在亚非地区所以不得人缘，便是患了富而骄的毛病。因他们之间贫富差别太大了，便不免视亚非人为落后民族，以为给一些经济援助，便可救亚非穷人，此即是骄的表现也。

仅知有经济，却不知经济以外还有人生，则富必然会骄，因此两者之间会产生不和睦。这一种不和睦，却非经济所能解决。

富而骄固不可，但贫而忧也须防。当经济条件降落到必需水准以下时，亦会发生人群间之不安与不和。董仲舒即是要人们处在富而不骄、贫而不忧两者之间作一调和，减少差别，来维持相当调和之经济水平。将两者调均之，因此要有一种不骄不忧之德，此乃比经济之穷富更为重要也。

汉武帝采用董仲舒政策来节制资本，裁抑兼并，更如盐铁政策，《史记》云："猗顿用盬盐起，而邯郸郭纵以铁冶成业，与王者埒富。"盐铁为人生日常必需品，不当由私家操纵专利。汉武帝此项制度之用意，永为后世所承袭，遂使此后永远无垄断之大资本家出现。

当知此种制度之后面，实有一番人生理想与经济理论在领导。故使中国在封建制度崩溃后，不会转到资本主义之路上去。故自汉武帝建立士人政府以后，货殖、游侠一批人物消失了。而自《史记》以后，除班固《汉书》因袭《史记》外，二十四史中也不再有货殖、游侠列传了。即班氏《汉书》亦以此讥太史公，谓其“序游侠则退处士而进奸雄，述货殖则崇势利而羞贱贫”。班氏此一评语，正可说明此下中国社会何以不再容游侠及货殖中人得势的一般意见。

今人不明此中因由，以为只有太史公有此史学特识，故能提出此两列传，以后史家再无太史公般识见，遂不知为货殖、游侠写列传。

其实中国此后之社会已正式成为四民社会了，商人与游侠已失去素封与新贵之地位，不能如汉初般发挥其特殊之作用，故后来史家亦已不能再为他们另立专传。正因为历史无此现象，却不便是史家无此识见也。

中国此下经济大体上承袭了此一传统，先说保持必需经济的低水准方面。试举几项大纲目言之。

首先讲平均地权一项。此即向来学者爱言之井田思想。其在历史上见之实施者，为各时代之均田制。主要为裁抑兼并，所谓“富者田连阡陌，贫者亡立锥之地”。此乃历代政府所力求纠正者。随土地政策而来者，如废除奴隶，使成为自由民，以及历代赋税制度之主张轻徭薄赋，以及各项悯农、恤贫、救荒、赈灾、公积、义仓以及奖励社会私人种种义举善行，以宽假平民，力求安和，此皆中国两千年来所传统倡导尽力推行者。此种工作背后，均受一群士大夫之鼓吹与支持，其意是使一般人民的经济生活不落入过低水准。

再说防止经济超过高水准，走上不必需的经济之无限发展者，除上述盐铁政策，禁止日用必需品之为商人所垄断专利等以外，又如禁止商人进入仕途，此亦是中国传统法制一大端。

董仲舒曾云，明明求仁义，君子之事；明明求财利，小人之事。此所谓小人，乃指为私人谋生计满足，以其平日用心在私，故不能付之以国家之重任。明明求仁义，则是存心在公，非士人专一诗书，求明义理，不能有此。故付托以国家重任者，亦必在此辈。

董氏又云，正其谊不谋其利，明其道不计其功。当知义乃人生所必需，功利则往往有不必需又超于必需之外者。故当以道义为经济立限度，偏重功利易趋于无限度。董氏之言，极为近人诟病，其实就中国历史传统言，皆有甚大影响。

我们当细求其意旨所归，不当因其骤然看来与我们意见不同，便随意轻视，不求理会。

又如汉代有禁止商人衣丝乘车之事，此种限止，直到清代，仍是常有变相出现。但若因此而认为中国历史传统一向轻视商人，则亦不尽然。

《左传》云“通商惠工”，此四字为历来所奉守。通商即通商贩之路，令货利往来，给商人以种种便利。又如说“关市讥而不征”，当知历来商税皆不高，有时且不征商税。商品可自由流通全国，绝无阻滞之弊。如在晚清咸同年间，为平洪、杨乱事，创办厘捐，当时曾引起极大争持，此乃一时不得已而为之。

各位当知中国政治传统，只是防止商人专为牟利而妨害了社会，却并不是允许政府为牟利而妨害商人。可知亦非贱商也。

中国历史上，工商业在古代已甚发达，如南朝以下之广州，唐以后之扬州，此等城市，其商业繁荣之情况常见于历史记载，多有超出吾人想象之外者。如宋代《太平广记》所载琐事逸闻，可想见当时中国各地之商业情况，足可打破我们所想象中国永远留在农村社会之一假想。

我们大可说中国工商业一直在发展情况下繁荣不衰，唯到达社会经济物质条件足以满足国民需要时，中国人常能自加警惕，便在此限度上止步，而希望转变方向，将人力物力走上更高境界去。故中国历代工商业生产，大体均注重在人体日常需要之衣、食、住、行上，此诸项目发展到某一程度时，即转而跑向人生意义较高之目标，即人生之美化，使日用工业品能得以高度之艺术化。

远的如古代商、周之钟鼎彝器，乃至后代之陶瓷器皿、丝织刺绣，莫不精益求精，不在牟利上打算，只在美化上用心。即如我们之文房四宝，笔精墨良，美纸佳砚，此类属于文人之日常用品，其品质之精美，制作之精巧，无不超乎一般实用水平之上，而达到最高的艺术境界。

凡此只求美化人生，决非由牟利动机在后操纵。又如中国人之家屋与园亭建筑，及其屋内陈设、园中布置，乃至道路桥梁等，处处可见中国经济向上多消化在美育观点上，而不看重在牟利上。吾人治中国经济史，不可专从经济看经济，不然，则不足以了解中国的经济发展史矣！

至于工业，中国历史上有几项著名大工程。

一为秦以后的万里长城，又如隋、元所开浚之运河。此种大工程，亦与国防民生实用有关。

总之，中国人只注重经济之必需，如此而有裕，即着意在人生美化上。虽中国民族亦具有伟大的制造工艺才能，但亦均不从牟利上着眼。人生美化，是义所当然。此亦是义利之辨。可见中国传统经济观，均是人文本位，重人生，不重经济。经济只是辅助人生，而非宰制人生。于是经济发展遂成为有限度的。

中国古代有《周官》一书，亦曰《周礼》。此乃一奇书，正如西方柏拉图之所著乌托邦《理想国》。但此书非周公所作，乃战国末年人作品。书中假托周代官制，有意把政治、社会、经济、教化冶于一炉，主张人文主义之经济政策。相传是周公致太平之书。后代曾有三位政治人物想依照此书推行新政。一为西汉末年之王莽，一为南北朝之苏绰，一为北宋神宗时之王安石。

此三人中，结果二王推行的新政均失败，唯有苏绰一人成功了。此因二王在社会经济条件较佳情况下推行《周官》政策，裁抑工商业太甚，以致失败。而苏绰则在社会经济条件不佳情况下来推行《周官》政策，故不见有裁抑工商业过甚之病。

此处亦可看出中国历史进程中之一种中和性，不走极端，不为过甚。同时亦见中国历史传统本不专向裁抑工商业一方推进。过分裁抑工商业，必然会招致恶果无疑。若我们仔细一读王莽、王安石二人之政治失败史，便可明白此中信息。尤其当王安石时，一辈旧党反对新政，此辈人亦多为儒士，可谓与王安石在学术上仍是同一路线者。若我们仔细去读当时反对派的那些言论，更可明白传统思想中对经济观点之内涵意义之另一方面来。

近人粗治西方思想，震惊王莽、王安石二人之经济措施，有些与西方人意见相暗合，却不懂他们究竟为何失败，于是只骂中国人守旧，尽骂中国传统轻视工商人，此等皆是推想失实。

根据上述，我想再指出我之前所一再提及的，即中国历史之浑融一体性。故我们要研究中国政治史，或社会史、经济史，只当把作一体来研究，不可各别分割。我们当从政治史、社会史来研究经济史，我们亦当从政治思想、社会思想来研究经济思想，又当从政治制度、社会制度来研究经济制度。在此三者之上，则同有一最高的人文理想在领导，循此以往，中国之历史传统及其特殊性便不难找出答案来。

现在说到中国经济中几种特有情况，有很多问题乃在西洋史中少见或未见者，都为国人所忽略了。就中国人传统观点言之，一个时代，若其物质上积聚多而消散少，此时代即富而安，否则反是。

在上如帝王之骄奢淫逸，而浸淫及于士大夫生活，又如政府之冗官冗吏，过量开支，对外则有防边与开边，或穷兵黩武。凡此种种，皆足以招致国库空竭，人民贫乏。

如汉武帝远征匈奴，以为可以一劳永逸，但到末年，终不免有轮台之诏，自悔当年之措施。唐中叶以后，亦可说是有一种帝国主义之向外扩张而招来国内不安，乃至生出五代之黑暗时期。

又因中国国防线太长，如宋代、明代，皆因防边而动用浩大之财力，耗散浩大之人力，亦为造成当时国力衰弱之主因。

又如河患与漕运两大问题，此亦为中国历史所特有。黄河常有泛滥溃决之患，历代专设机关特命大员设法防治，耗费甚巨，常因此而激起社会的经济危机。

漕运是指水道运输粮食而言，或运至京师，或供应边防，或沿途分储粮仓，皆称漕运。此亦为中国历史上一大消费，皆因中国所特有之地理背景而引起。

上述黄河与漕运两大问题，在中国史书中，历代均有详细叙述。此两事每使政府岁靡巨帑，耗费国家财力，不可计数。欲研究中国经济史，此等特殊问题亦不可不加注意。

又如唐以前之门第社会，虽若迹近封建，导致社会不平等，然当时之大门第实为社会财富之积聚中心。

社会因有此积聚，而使一般经济易于向上。

唐以后，则是一个白衣进士的社会，财富分散了，经济无积聚，好像更走上平等。但一切社会上应兴举之事，反而停滞，无法推动。此因社会力量因平铺而瘫痪了，不易集合向前发展。此一问题亦极重要。但在今日讲来，已是历史上之陈迹，亦没人注意了。但此实是宋以下中国常苦贫乏之一因，值得再提醒。

但若总括来说，中国历史上之经济情况，自秦迄清，直到道咸年间，向来可说是较佳于西方的。经济落后，只是近百年事。我们尽可以说，在近代西方科学兴起以前，中国经济一向胜于西方。只因近代科学兴起，而中国经济遂见落后。此下我们将如何引进近代西方之新科学，而又能保持中国经济旧传统，即仍然保持中国一向坚守的人文本位之经济思想与经济政策，使新科学兴起后之经济发展，仍不致超水准而走向无限度而不必需的发展上面去。此是一大问题，有待中国自己此后兴起的经济学家来设计，来督导，来创立一种适合中国传统社会的新经济思想与政策及制度。

在中国历史上，能特创新制度，来解决当时代之种种问题的大政治家，大经济学家，固已代有辈出。但今天我们则失却此自信，种种聪明都奔凑到抄袭与模仿上，自己不能创造，也不敢创造。唯此厥为中国今日最大最深之病。

西方人有他们一套浮士德式的无限向前精神，有他们传统的个人主义、自由主义与财利主义。他们一意提高物质生活，而把其他人生尽追随着向前。我们明知此一套精神为中国社会所不易接受者，而他们这一套精神，亦已弊病百出。但我们偏要勉强学步，则所谓“落后”便真成为落后，而无法追上了。故中国今后再要急起直追者，却不是追随西方，乃是能追随中国古人那一种自创自辟的精神。

即就经济史上之种种发明而言，如钞票是发明在中国的，如近代山西票号之信托制度等金融措施，亦是中国人自己发明的。

若把中国经济史上种种出自中国人自己发明的方法和制度等，一一罗举，亦足增长国人之自信。我们今后正须在经济制度、经济政策、经济思想上，自己因地制宜，别有建树，则首先得回头一看中国过去的一套经济史。这更是我们研究中国以往的经济史所应注意的。

（此篇为钱穆先生 1961 年在香港孟氏教育基金会的演讲）

秦汉政治得失

第一讲

秦之兴亡

所谓秦汉之秦，指秦代言，欲了解秦代，必先了解秦国。秦国之先代至秦之立国，时间亦很长。

一、秦之起源及其发展之前期秦孝公以前

（一）秦民族以鸟为图腾

约在一百年前，美国人摩根（Morgan）在美洲研究土人生活，著有《古代社会》（*Ancient Society*）一书指出印第安人之祖先与图腾有关。二十年前之中国学者李则纲亦据此研究中国之古史，亦发现我国先民与图腾有关。[1]

1. 传说颛顼之后裔曰女修，女修织，吞玄鸟陨卵乃

1 钱按：见《始祖的诞生与图腾》。

生大业，为秦始祖。

2. 大费佐舜调驯鸟兽，可见亦与鸟有关。

3. 大费有二子，其一名大廉，称为鸟俗氏。

4. 大廉玄孙曰孟戏中衍未知是一人或二人，鸟身人言。[1]

可见在神话上，与鸟有关。

（二）最初根据地——渭水上流

在甘肃东南部，称为鸟谷秦谷。上文所谓“鸟俗”疑即“鸟谷”。《索隐》[2]曰：“俗，一作浴。”汉《殽阬君神祠碑》“谷”作“浴”。可能谷、俗、浴，古字相通，或本为“鸟浴”而误书“鸟俗”。秦谷在甘肃天水，其后秦人渐东移。

（三）前期发展情形

1. 非子邑于秦为附庸。非子为周孝王牧马，王封他为附庸，为秦代之始，然仍不能称为诸侯，因其身份仍为奴仆。

2. 秦仲辅宣王伐戎，战殁。秦仲子庄公大败戎人，封地遂东逾陇山至犬丘今兴平，此为一大发展，其后则在陇山东西两旁定居，不再返回最初之根据地。

1 编按：以上诸条见于《史记·秦本纪》。

2 编按：即《史记索隐》，唐代司马贞撰，三十卷。

3. 秦襄公。周平王东迁，秦襄公助力甚大，平王感之，且亦无力兼统山之西为犬戎所占，乃将之赐襄公，襄公以武力逐走犬戎，势力遂远至岐山之西。

4. 秦国都屡迁，至秦德公，居雍今陕西凤翔。

5. 秦穆公势力再扩大，东至黄河与晋缔婚穆公娶晋公之女，两国邦交甚好。然穆公最主要之目的，仍在向西发展，后灭西戎十二国，称霸西戎，使秦无后顾之忧。

春秋时期有一特殊现象，即诸侯在中原者，皆无特殊发展，发展者皆在边地。如齐、秦、楚是也。因中原诸国文化相若，力量亦相若，彼此互相兼并牵制，故无暇发展。边地诸国发展较便，如秦穆公之向西发展是也。

6. 秦献公。穆公死后，秦国因内乱而削弱由继承问题引起，国势衰颓，献公时复强，徙都栎阳咸阳以东，今陕西临潼东北，可见已向东发展。

二、秦国发展之后期——孝公以下

（一）孝公即位时之形势

《秦本纪》："孝公元年，河山以东强国六即六国，与齐威、楚宣、魏惠、燕悼、韩哀、赵成侯并。淮泗之间小国十馀鲁、宋、邾、滕、薛等。楚、魏与秦接界。魏筑长城，自郑滨洛以北，有上郡。楚自汉中，南有巴、黔中。周室微，诸侯力政，争相并。秦僻在雍州，不与中国诸侯之会盟，夷翟遇之。”

自上文看，当时秦之领土并不大，秦本扩至黄河边，但此时自北洛河以东则归魏。

秦本西戎之一，而自以为华夏之士，在此领土褊狭之际，自然要发奋图强。孝公下诏求贤，得公孙鞅，遂行变法，国势乃强。

（二）秦逐步蚕食六国之经过详见《秦本纪》

秦孝公以下，经惠文王、武王、昭襄王在位达五十多年之久，昭襄王时国势最强，并吞最烈，再经孝文王、庄襄王而至始皇帝。

（三）抑贵族，用客卿

此为秦强之一个原因，另一原因，则为变法。春秋之际，各国均实行贵族政治，贵族专权。因此贵族之间时有争执，而诸侯亦因贵族之专横而厌恶之。

秦之继统问题，自始便无一正常之制度，择勇猛者而立之，选择之权即在贵族，尤以“大庶长”之权为最重。

孝公即位，乃用抑贵族、重客卿之政策客卿在本国无基础，故多能服从君主，此制度直至秦始皇仍实行，宰相均任用客卿，唯“将”则用本国人。

秦用客卿变法，故强，六国虽亦用客卿，但变法俱不成功。

客卿能听命于王，故政令统一，能彻底执行，若贵族则不能完全听命于王侯。

（四）法家政治

秦施行法家政治，一切唯法是行。

1. 法家起于三晋

春秋末年至战国时，法家思想已实行。当时学派甚多，齐、鲁行儒家、墨家、阴阳家重社会人群，楚行道家为了理想，三晋行法家、兵家及纵横家为了功利与现实，秦、燕二国因文化落后，无甚本国文化，但秦用法家，故强。秦本身无学术、无人才，但能善用客卿，在三晋之人才，多为秦所用。故秦行法家思想，即秦成了法家之实验场。

2. 商鞅变法

商鞅之最大成就，在能组织全国人民，既耕且战。因为耕为经济，国家最重要者为经济资财，有了资财，才可支持战争。

（1）政治方面

①废除贵族特权；②行郡县制以前行采邑制，国家领

土被分成东一块、西一块，行郡县制度则统一了；③划全国为三十一县，设县令，全国税收归中央，使国富庶；④制军爵二十等，以“彻侯”为最高。

（2）社会方面

①禁大家庭制，父子须分居，以消除依赖心，父子均须工作，男子成年时，必须与父分居，使各男丁可过独立生活；②什伍相系连坐，即将国人组织起来，使互有关联。

（3）经济方面

①废除阡陌封疆，正式承认土地私有制。古代行公田制井田制，虽是井田制，但不一定如“井”般划分。此时既承认私有制，即废除井田制。此法乃有助于扩大耕地面积。土地私有，人民则努力竞争生产。

②奖励耕织，免税、免役。耕织成绩佳者，可免税免役，不佳则没为官奴婢。

③奖励外国人移民垦殖，可免三年兵役。

④统一度量衡制，使交易趋于方便，纳税亦方便，均有一定标准。

秦因变法而变得富强。商鞅因功封为商君。商君实行法治，固有利于秦，然亦因此而得罪太子。因太子犯罪，商君必须罚，然太子不可罚，罚其师傅。太子乃深恨之。太子即位后，借故捕商君，处以车裂之刑，但商君死而法仍行于秦。

（五）灭六国前秦国之国情

《荀子·强国篇》范雎秉政时，荀子入秦。荀卿赵人，亦籍三晋，然游学齐之稷下，精儒业，得当时东方文化之深义。范雎问荀子意见，荀子答之："应侯范雎问孙卿子曰：入秦何见？孙卿子曰：其固塞险，形埶便，山林川谷美，天材之利多，是形胜也。入境，观其风俗，其百姓朴，其声乐不流污，其服不挑，甚畏有司而顺，古之民也。及都邑官府，其百吏肃然莫不恭俭、敦敬、忠信而不楛，古之吏也。入其国，观其士大夫，出于其门，入于公门，出于公门，归于其家，无有私事也，不比周，不朋党，倜然莫不明通而公也，古之士大夫也。观其朝廷，其闲听决百事不留，恬然如无治者，古之朝也。"

六国则百姓腐化，风气坏甚。荀子之言，诚为美秦之论。然又云此非王道，不以此等政策为然。曰："佚而治，约而详，不烦而功，治之至也。秦类之矣。……然而县之以王者之功名，则倜倜然其不及远矣。是何也？则其殆无儒邪！"是荀卿亦许其法治而讥其无儒。可见秦至昭王时，尚未受齐、鲁东方文化之感染。

三、秦王统一天下后之政治措施

秦之所以能统一者，除本身条件，政治、军事及经济上轨道外，六国则常生政变，以及贵族争权、游侠专横恣肆，此对国家有极大影响。与秦国相交，秦强自不待言。

且当时有统一之趋势，战国末年，一般人之思想，已无宗主国之见。出仕不限于己国，已无国家观念，只有天下观念。此种思想实不易形成。

就经济方面言，战国末年，全中国已成为一大经济单位，而非地方自治。齐之产物可销售至全天下，亦可由天下购回己需之物。据《史记·货殖列传》所记，全国已经济统一。然引用此文有一危险，即《货殖列传》所记，乃西汉中叶之情形，未必与秦初情形相同。兹另引更佳之材料说明之。《荀子·王制篇》谈及北海有犬马，中原人可购买；南海出羽翮、齿革，中原人亦可买之；东海有鱼盐之利，与西边各地均可互通有无。

荀子撰此文时，秦仍未统一，可见战国末年，全中国经济已趋于统一。由于全中国人民的观念和经济均趋统一，又值秦国强大，自然走上统一之途。全中国统一后，秦王采取之统治方法要目如下：

（一）制帝号——秦王自称皇帝。

（二）废封建行郡县——以增强中央集权。

（三）制定完备之官制。

（四）建首都——此亦一大政策，代表精神统一。

（五）筑驰道——以咸阳为中心，东至燕河北省、齐，南至吴、越江苏、浙江，北至九原。有一千八百里之遥，途中多经山脉。[1]宽五十步，可见工程之浩大。目的在军事控制。

（六）销兵器，坏城防。

（七）徙豪强——徙六国豪强及六国后人百万至关中。[2]

（八）统一度量衡及货币——商鞅统一秦国之度量衡，秦灭六国后，更统一天下之度量衡及货币。

（九）统制学术——包括统一文字，焚书坑儒。以吏为师，以达至政教统一，即教育以政治为中心。

（十）拓疆土，严守御——平南越两广及北越，阻匈奴。战国时领土，南不过五岭广东北部，始皇则越过五岭山脉，北开云中之地呼和浩特。

（十一）修筑长城。

1 编按：《汉书·贾邹枚路传》云："为驰道于天下，东穷燕齐，南极吴楚……道广五十步"，又命蒙恬修直道，《史记·蒙恬列传》："乃使蒙恬通道，自九原抵甘泉，堑山堙谷，千八百里。"

2 编按：《史记·秦始皇本纪》："徙天下豪富于咸阳十二万户。"

四、秦亡之原因

（一）不量民力抽赋税，招致人民反对。

秦之赋税，其确数已无可考据。《汉书·食货志》记载秦“收泰半之赋”，可见其重。董仲舒云，秦“田租口赋，盐铁之利，二十倍于古。”秦以前山海之利，归于百姓，秦则收归国有。

（二）力役繁重。

董子云，秦“一岁力役，三十倍于古”。建都动用劳工数十万，筑驰道，南北攻伐，只其中一项，已为国家一大负担。然秦于短短十多年中，却数项并举，可见百姓之苦。始皇订“七科谪戍”，甚至画出“闾左”，居闾左之民皆须服从。

秦地广大，遣卒戍边，当时交通极困难，故有“三十斛而致一钟六斛”之说，即运粮至边疆，抵达时仅得五分之一而已。是以人人自危。然秦法极严，又不得不去，过期则判死刑。因此秦末年遂有叛变之事。且土地集中在富人手上，平民无立锥之地。从前人民不多，行井田制，土地分配尚可平均。自商鞅废井田制，土地集中了，富人可多置地，贫者则无立锥，于是土地私有制形成。由于贫无立锥，政府又免富人服役，所以到处有犯罪之人，于是有人揭竿而起，此乃势所使然也。

（三）废封建太骤。

秦以前，封建制度已有数百年之悠久历史，六国时代已渐废此制度，但大体上并不彻底。秦灭六国后，行中央集权制。秦未灭六国，其土地最多时，不过占全天下土地三分之一。统一天下以后，土地增加二倍。且秦向南发展，经济上无实利，但在军事、政治方面，反成为秦之累。倘仍用封建制，则可能较为和缓稳定。此盖为间接之统治方法也。然李斯以为直接统治更为方便，始皇接纳其建议，推行郡县制，集权于中央。然直接统治，倘地方叛乱，一下子不能平定，则易招致中央瓦解。若秦用封建制，则其国祚或可延长也。

（四）东西学术之冲突，而无适当之调和。

秦事事压抑东方思想，因而招致东方之反感。东方文化较西方文化为高，东方人既为西方人所统治，内心自然不服，一有机会自会乘时而起。孔鲋，孔子之后裔，本非倡言革易之人，然陈涉起事，即投身军中，可见反感之深。此可代表东方学者之愤慨。[1]

（五）始皇与李斯联手统治之时间过短，予东方贵族、平民以揭竿而起之机会。

---

1 编按：钱穆说的“东方”和“西方”是相对于当时的“天下”观念而言，秦国地处陇西，故为西方，齐、鲁等国则为东方。

上述两人均为有才干之政治家，联手治国，民众不敢异动，然治法太严，民众不免反感。有一事可证之：秦刻石曰“始皇帝死而地分”。由此可知人民对始皇之恨意。然在其统治时期，未敢起事。不久，始皇死，继承问题招致祸变。二世为无能之君，赵高又为无能者，更杀李斯、蒙恬，民变一起，乃莫可制矣。

汉人斥秦最烈，然汉之初，俱为承袭秦而来。秦以后之中国，受秦之影响极大。

五、秦代在中国史上之地位

秦统治中国仅十五年而已，但影响极大，此为后世所无。

（一）统一帝国之实现。

周天子名义上为最高统治者，实际上东周已分裂，周天子的权力极为孱弱。真正统一，应自秦代始。二千年后之今日，中国仍沿秦之统一规模而扩大。

（二）开疆拓土，建设事业，皆大大造福于汉人。

秦在南北方皆开拓大幅土地，汉则坐享其成。

（三）建立之制度为二千年来所遵用。

如政治制度、法令、财政制度等各方面，汉几全袭秦制，汉以下虽略有改变，然皆在秦制基础上略加修改，而非批判。中央集权制自秦始，至今仍然。秦分郡，至清亦大致沿秦制而定省，中央之有首相，亦为秦制所有。

（四）希腊文称中国曰“Sina”，此名由来在公元前百年，西方已称中国为“Sina”，明末卫匡国（Martini）著《中国新图志》谓希腊文“Sina”即秦也。法国人伯希和（Pelliot），近代汉学家，亦认为卫之说法为正确。

又，匈奴人称中国人为“秦人”，以后称中国人为汉人。《汉书·匈奴传》：“卫律为单于谋‘穿井筑城，治楼以藏谷，与秦人守之。’”颜注云，“秦人”乃指秦时有人逃至匈奴者。[1]此说颇牵强，盖此时秦亡已百余年。故此处所指秦人，当为中国人，或为秦之后裔，后说勉强可通。

《汉书·西域传》记，武帝末年轮台之诏有云：“军候弘上书言‘匈奴缚马前后足，置城下，驰言：秦人，我匄若尔马。’”颜注云，此处秦人指中国人前后矛盾。[2]由此观之，足证秦人即指中国人。

1 编按：颜注即颜师古注，颜师古，唐初经学家，训诂学家，著有《汉书注》《匡谬正俗》等。颜师古《汉书注》说：“秦时有人亡入匈奴者，今其子孙尚号秦人。”

2 编按：颜师古《汉书注》：“谓中国人为秦人，习故言也。”

又《史记·大宛传》记，贰师将军伐大宛，"闻宛城中新得秦人，知穿井……"《汉书》则改"秦人"为"汉人"。[1]

可见当时匈奴人及中亚细亚人皆称中国人为秦人。印度则称中国人为"支那""至那""脂那""摩诃至那"（Mahācīna）。

玄奘《大唐西域记》谓古时印人称"摩诃至那"，即当时之大唐也。

可见秦当时声威远播，秦统治仅十余年而声威远扬异国。伯希和有一想法，秦之声威外播，未必自始皇始，秦穆公曾称霸西戎，可能此时已扬名海外。可见秦之能声名远播、扬名异国，绝非短短十余年可达至者。综上所言，足见秦在中国史上之地位甚为重要也。

1 编按:《汉书·张骞李广利传》:"贰师闻宛城中新得汉人知穿井，而其内食尚多。"

第二讲

汉初政治状况

一、空前的平民政府

就组织成分言，汉为平民政治。汉高祖本人固无须论，即其大臣，除张良，皆平民，即萧何亦小吏出身。如樊哙以屠狗为生，周勃为人家丧事吹箫，灌婴贩缯，娄敬挽车，此数人皆为刘三邦之直系部属。樊、周、灌诸人尚有可说，娄敬则甚奇，眼光极远大，如劝高祖定都长安，力数洛阳之不可守，长安则进可攻，退可守云云。

上述诸人未发达前，皆为人才，然一贵达，即非人才了。此与今之政坛相若。是为汉政府之大毛病。因彼等长居要津而不肯退让后生。又樊、周诸人，多为今江苏北部人，其他人物，皆未能参与机要之政。

二、社会民生状况

秦灭六国，社会并无多大破坏，因秦与六国强弱悬殊，秦能迅速进行建设。汉则不同，盖秦末大乱，社会因之衰败，最少经过五年，始能稳定。衰落现象可就二者言之。

（一）户口耗减

《汉书·陈平传》记陈平献计，自平城突围，南至曲逆县，问其人口若干？答在秦时，此县有三万户，今只五千户。可见汉初户口大减。曲逆为上县，故封平为曲逆侯。

《史记·高祖功臣侯者年表》云："天下初定，故大城名都散亡，户口可得而数者十二三，是以大侯不过万家，小者五六百户。"

（二）经济困竭

《汉书·食货志》云："汉兴，接秦之敝，诸侯并起，民失作业，而大饥馑。凡米石五千，人相食，死者过半。高祖乃令民得卖子，就食蜀汉。天下既定，民亡盖臧，自天子不能具醇驷即同一毛色的四匹马，而将相或乘牛车。"

三、汉初政治措施之一——制度承秦之旧

除特殊者外，如封建，汉初政治，一切皆承秦旧制，然政令则能反秦之弊。

项羽入关中，烧宫室粮食，亦不准备留关中而回故乡，且大杀关中秦民。

刘邦则与关中之民约法三章，尽收秦府图籍，此乃高明之道，一则收服人心，二则收图籍以备将来统治之用。迨天下统一，臣下多属平民，并无多大知识，不可另创新制度，乃将秦之图籍典章制度用之于汉。

（一）政府组织

全依秦制，天子、丞相、太尉、御史大夫皇之秘书、九卿，俱无改变。

（二）律令

战国时，魏李悝著《法经》六篇，商鞅用之于秦，高祖入关，与民约法三章，“杀人者死，伤人及盗抵罪”，即为法家思想。萧何作《九章律》，于《法经》六篇外，另加三篇，大致因循秦制。

（三）朝仪

叔孙通制朝仪，大抵袭用秦制，其制乃交杂法、儒两家思想而制定规程。首次用于十月庆典，秩序井然，高祖云，自此始知天子之可贵。由此可知，未制礼仪前之混乱，亦可见高祖虽平民出身，然此时在意识中已有贵族思想，即皇帝要保持其尊严，臣下不得放肆。

（四）财计

每年十月，郡国上计报告财政，此亦秦制。《史记·张苍传》：“萧何为相国，而张苍乃自秦时为柱下吏，明习天下图书计籍……故令苍以列侯居相府，领主郡国上计者。”

（五）历法

全袭秦制。古者，推翻前代，必改正朔，另立历法，以示非前代传统。汉则不然，如以十月为岁首，水德尚黑秦为水德，尚黑，汉初亦如此。此均表示汉承秦统。

四、汉初政治措施之二——政令反秦之弊

秦推行政令甚急，汉则反之。盖汉初大臣皆秦百姓，只以秦令太繁，始起而抗秦。故汉得天下，得此教训，但求安定。

（一）施政原则——简化政令，与民休息

此外又安定军吏，使能生活。萧规曹随，即说明汉初政治，不轻言改变。曹参为齐相时，有盖公治黄老之学，尝对参云：“治道贵清净而民自定。”参纳其说以治齐，数年大治。及萧何死，参为相，终日饮酒不治事，相府之吏，亦用谨厚木讷之人，而天下乃大治。民谣云：“萧何为法，斠若画一。曹参代之，守而勿失。载其清静，民以宁一。”可见其原则为“无为而治”。

萧何之作法，实则本秦之图籍，“无为”并非全不作为，一般言，秦制本不错，汉行之，但以不扰民为主。

（二）政治之具体事项

1. 招徕与大赦

汉统一，户口大减，一则由于死亡，另则多逃亡为盗以避秦虐。汉登大宝，乃招徕之以安定社会。《汉书·高帝纪》云：“民前或相聚保山泽，不书名数，今天下已定，令各归其县，复故爵田宅，吏以文法教训辨告，勿笞辱。”

“其赦天下殊死以下”，因此，逃亡者多愿归故里。

2. 减税轻役

秦收泰半之赋，汉则轻田租为十五分之一，文帝本人极俭，尝诏免税，景帝时为三十分之一。古代民为官服役，每年皆须出力若干日。文帝时，定丁男三年才一事，赋税徭役皆轻，百姓自爱戴之。

3. 安辑军吏

战后，不论大小军吏，均赐爵给予地位，赐复，有罪则视轻重减罪或赦免。

4. 封爵功臣

分王、侯二等，大功臣如韩信、彭越、黥布等封王，其余直系部将等一百多人如曹参、樊哙等封侯，大侯万户，小者六百户。百姓兵丁、大臣均有好处，自不愿叛。

5. 轻商以止兼并

以商人本身不事生产，故轻之。重其税，禁穿丝绫，以免商业发达。盖发达则兼并生。

6. 免奴婢

高祖时下令，免官奴婢为庶人。

在上述措施下，社会自安定，政绩甚佳。

五、政绩成效

文、景至武帝初年，政绩甚好，社会极繁荣安定。《史记·酷吏列传》:“汉兴……网漏于吞舟之鱼，而吏治烝烝，不至于奸，黎民艾安。”

《汉书·刑法志》:“衣食滋殖，刑罚用稀。”文帝时，户口大增，其时有一年仅四百件案，可见罪案之少。[1] 当时米粮多，仓库不能容，钱贯为之霉烂，而民间则多牛马。《汉书·食货志》云:“民遂乐业。至武帝之初七十年间，国家亡事，非遇水旱，则民人给家足，

1 编按:《汉书·刑法志》云:“吏安其官，民乐其业，畜积岁增，户口寖息。风流笃厚，禁罔疏阔。选张释之为廷尉，罪疑者予民，是以刑罚大省，至于断狱四百，有刑错之风。”颜师古注“断狱”云:“谓普天之下重罪者也。”

都鄙廪庾尽满，而府库余财。京师之钱累百巨万，贯朽而不可校。太仓之粟陈陈相因，充溢露积于外，腐败不可食。众庶街巷有马，仟佰之间成群……守閭阎者食粱肉；为吏者长子孙；居官者以为姓号。人人自爱而重犯法，先行谊而黜愧辱焉。”

然在文景时代，有远见之政治家如贾谊，以为将来必有危机发生，因尚有政治、社会方面之问题未解决也。

殷周实不能称为统一之大帝国，特诸侯只举一共主耳。秦为一统之始，然在行政上，一方面无社会基础，一方面制度始创，兼又暴起兴作，故十多年而亡。汉兴与秦困难同，故只能因循无为。

到武帝时，才算是中央集权政府刺史制；到西汉后半，汉政府才有真正社会基础仕途。

第三讲

西汉政权集中化之过程

一、汉初封建王国情形

（一）封王功臣之必然情势

或谓汉鉴秦不封建而速亡，故重封建。实则高祖之封王功臣为不得已之事。如韩王信之王颍川，徙王太原，乃因韩王已先自称王，及汉兴，乃重封之而已。至赵王张耳王赵，都邯郸；淮南王黥布都六；楚王韩信都下邳江苏；梁王彭越都定陶；燕王臧荼都蓟；长沙王吴芮都临湘；闽越王无诸都东冶，类皆出一己之力攻占城邑，非由汉力。其中尤以淮南王黥布、梁王彭越、楚王韩信，势力最大。汉高祖率先许以封地而后藉三人之力灭项羽，则汉高祖特一盟主耳。诸王之名号、官制、服饰与汉皆同类，则汉初之封建，实为形势所逼也。

时中国六十二郡，汉不过十五郡，其他皆在诸功臣侯王手，故汉初未可称为统一政府。汉高祖自不满，更不放心当前局面，平项羽后遂用政治手段逐一消灭此等功臣。

（二）以同姓代异姓

高祖末年结同姓王：楚王交弟、荆王贾从弟、代王喜兄、代王桓子、赵王如意子、梁王恢子、淮阳王友子、淮南王长子、齐王肥子、燕王建子，且立盟曰："非刘氏而王，天下共诛之。"其意盖欲以同姓亲属镇服天下，然后其诸侯王日与中央疏远而祸起。年代一久，诸侯王与中央之关系自不免疏远。

（三）文景时代以亲制疏

诸王与中央既疏，且蔑视诏令，盖彼等已握财政军权，其封疆之广，财力之雄，任人之权，制同中央。至景帝时，诸王皆为长辈，掣肘实难，景帝乃行以亲制疏之策，即以己之子弟代诸王。然年代一久，亦复疏远如前矣。

正因侯王之日疏，故不得不册立亲者以代疏者也。

（四）汉初封建制度下之政情

《汉书·诸侯王表》："汉兴之初……尊王子弟，大启九国。自雁门以东，尽辽阳，为燕、代。常山以南，太行左转，度河、济，渐于海，为齐、赵。谷、泗以往，奄有龟、蒙，为梁、楚。东带江、湖，薄会稽，为荆吴。北界淮濒，略庐、衡，为淮南。波汉之阳，亘九嶷，为长沙。诸侯比境，周匝三垂，外接胡越。天子自有三河、东郡、颍川、南阳，自江陵以西至巴蜀，北自云中至陇西，与京师内史凡十五郡，公主、列侯颇邑其中。而藩国大者跨州兼郡，连城数十。”观此可见当时情势，且诸侯相结以自重，景帝削藩之命始起，遂有吴楚七国之乱，可见其政权不稳，贾谊知其祸之必发，于是提出解决之法。

王国有完整之行政权，其他名分亦与汉同。[1]

（此篇为钱穆先生 1955 年讲于香港新亚书院）

1 编按：因讲课年代久远，笔记有脱漏，敬请谅解。

魏晋南北朝思想文化综述

第一讲

此次所讲是魏晋南北朝的学术思想。就政治言，魏晋南北朝实为中国历史上一段腐坏时期。自三国魏、蜀、吴鼎立，至晋武帝统一，接着便有八王之乱，随后是怀、愍二帝蒙尘。严格言之，统一政府之存在不到十五年，最多仅能说有三十余年。

接着东晋南渡，从此再未能恢复中原。偏安江左一隅，还是有宋、齐、梁、陈四代，篡弑相承，北方则五胡迭起，十六国纷峙，此后渐归统一。与宋同时是为北魏，遂成为南北朝对峙局面。

后北魏又分裂为东魏、西魏。接着是北齐与北周，最后隋代之统一，其间前后约计历四百年。

在此四百年中，论其太平统一之时间实不足十分之一，其余则兵争篡乱，接踵相乘，并又一半疆土归入外族统治。故以此一时期之政治情况言，实属黑暗。如与两汉相较，两汉四百年，只有光武中兴有过一场战事。又如唐代三百年，除却中间有一番安史之乱以外，大体亦可谓多属太平盛世，故说汉、唐两代之光昌富强，断非魏晋南北朝时期可比。但此只就政治言。我们却不能说，凡属魏晋南北朝时期，一切都是要不得，当时虽是政乱于上，而学术尚有传统，并非中断。

普通常说魏晋清谈误国，人只是高谈老庄。此言亦非不是。但若深究其内容，则绝非如此简单。不能谓此一时期人对学术文化上一无成就，一无贡献。

请专就《隋书·经籍志》言，如就《志》中所载魏晋南北朝人之全部著作之数量来做统计。《隋书·经籍志》所收古今书籍，共为三千一百二十七部，三万六千七百零八卷，若连当时已佚之书总计，则总数达四千一百九十一部，共四万九千四百六十七卷。此中除极少部分属于两汉以前之古籍承传外，其余大多数均属魏晋南北朝时期人之创作。

如以全时期四百年计算，则每年均可得新书十部，亦可说几乎是按月产生了新书一部。且在此等著作中，佛道典籍尚不计及。根据《开元释教录》，列三国以下至隋以前之译经数目，计译人一百一十八，译书一千六百一十八部，四千一百八十卷。此数当指在唐开元时尚存者而言。若根据《隋书·经籍志》，乃有一千九百五十部，六千一百九十八卷。即谓在此四百年中，产出了一千六百部译经，计之平均一年内，亦当有四部译经，在十卷以上。

如平均以万字一卷计，则四千余卷，当有四千万言之多，即就数量言，亦已巨大惊人。须知当时中国翻译佛教经典，工作至为艰巨。一则佛经传入不易，再则华梵语文隔膜，一面须有外来高僧合作，一面又须口译笔润，分作两层功夫，始克臻事。则此一时期人，在此佛教传入方面之成就与贡献，已可大书特书，永留为后世所仰叹了。

佛教在中国，此后遂成为中国文化之一部分，并由中国而推行及于高丽及日本。抑且中国僧人所注意者，主要乃在大乘佛学方面。

就今而言，欲追究大乘佛学，已非仰赖于中国之翻译经典不可。此一大事因缘，可说主要由于魏晋南北朝时期人之努力，故论魏晋南北朝四百年中，其在学术文化方面之贡献，单以佛教传入一项而论，其贡献已甚伟大，抑亦可说乃对世界人类文化有极巨大之贡献者。

因中国乃为此世界主要保存有印度大乘佛教经典之国家，将来若此学复见宏昌，则不得不谓乃是受了此一时代人之所赐。

我们普通常谓“佛教传入”[1]。其实此“传入”两字，亦觉不甚贴切。因言传入，疑若其事甚易，易使人忽略了此一时期人曾花大功夫、大气力来完成此一业绩之努力经过也。

佛教中有所谓佛、法、僧三宝之说，佛乃创始说法者，法随佛生，有了佛与法，尚须有传法、说法的人，此便是三宝中僧之一宝之责任。

释迦生前说种种法，其能传至今日，日益发扬光大，则端赖僧徒之宣传。此番演讲限于时间，无法细谈佛法之内容。我今姑扼要举出在当时关系重大，且有代表性的几位高僧，以见当时所谓佛法传入之梗概。

今尚流传有《高僧传》一书，即系此时期中梁释

1 编按：有的书说，佛教于魏晋时传入中国，过晚。较多学者认为于东汉时传入，汉明帝时，竺法兰译《四十二章经》，说明已经传入洛阳。《三国志》卷三十裴松之注引《魏略·西戎传》“临儿国”条记：“昔汉哀帝元寿元年（公元前6年），博士弟子景卢受大月氏主使伊存口受浮屠经曰复立其人也。”表明当时的中国人已接触佛经。

慧皎所撰。此书凡十三卷，附录一卷，所载僧人自东汉至梁，凡四百五十余年中，共载二百五十七人。又旁出附见者二百余人，合四百五十余人，开其德业，分隶十科。此书文字亦至精美，堪称史传中上乘之品。欲治魏晋南北朝史，此书亦必当参考。

今在此书中提出三位高僧以当代表。

首先一位是释道安。彼实可称为中国佛教史上第一位大和尚。亦可说，引起中国人注重佛法，并造成此下佛教在中国学术文化界之地位者便是此人。

我不再详细讲他的历史，只引述当时一位著名学者习凿齿致谢安书中所提及有关释道安的一席话，其中有云:“来此见释道安，故是远胜非常道士，师徒数百，斋讲不倦。无变化技术可以惑常人之耳目，无重威大威可以整群小之参差。而师徒肃肃，自相尊敬，洋洋济济，乃是吾由来所未见。其人理怀简衷，多所博涉，内外群书，略皆遍睹，阴阳算数，亦皆能通，佛经妙义，故所游刃。”[1]观此上所引述，亦可想见释道安之人格与学养，在当时如何为人所重视与仰敬。当知佛陀乃是一位千年以上的外国人，佛教经典亦只是一种用外国

1 编按：见《高僧传》卷五。

文字记载下来的所谓古人之糟粕而已。若非有至德高僧为之亲身实地宣扬做证，如何得启人信仰。

中国人所谓“人能弘道，非道弘人”，又说“苟非至德，至道不凝焉”。释道安即是佛门中一至德，佛法亦即在他身上凝聚，而亦由他而弘扬了。若我们抹去儒释异同不论，则如习凿齿此一书中所云，释道安亦即与中国社会中所传说重视之大儒，并无二致。

我们若由此推想下去，便可明白佛法在当时中国社会如何得以弘布流传的一番主要契机所在了。

其次提及道安的生徒慧远。据《高僧传》所载，慧远年轻时即“精思讽持，以夜继昼，贫旅无资，缊纩常缺”。[1]我们只就此十六字来推想其人，也可依稀仿佛了。

慧远从道安逾十年，南渡东上庐山，在北麓下东林寺修持三十余年，六十后即不复出山。当时人谓慧远居山三十余年，影不出山，迹不入俗，然四方景仰其人者，纷至沓来。

慧远每送客游履，常以寺前虎溪为界。其学兼综玄释，并擅儒学，宗炳常入庐山，就远考寻文义；周续之闲居读《老》《易》，入山师事。

1 编按：见《高僧传》卷六。

雷次宗少入庐山事远，远讲《丧服经》，雷、宗等并执卷承旨。次宗后别著义疏，首称“雷氏学”。宗炳寄书嘲之曰：“昔与足下共于释和上间，面受此义，今便题卷首称‘雷氏’乎！”[1]

慧远于佛法中见推为净土宗之创始者，当时有净土会，刘遗民为文称同志息心贞信之士，凡一百二十三人。其中有七人系当时名士，周续之、宗炳、雷次宗皆与焉。[2]后人加以神化，更名之为“白莲社”，谓有十八贤人，则姓氏无稽考。

我们就于远公所学，又可推想其师道安“博通内外群书”，殆非虚语。而慧远此一高僧，兼通儒家丧服礼制，其事尤值得注意。

盖当魏晋南北朝时，大门第制度盛行。一个家族有多至十几房，多达千余人，又得传衍数十代，其所赖以保持维系此种门第制度于不堕者，丧服礼制厥为不可不讲之一种学问。

家族制度重在亲亲，然亲亲之中亦有亲疏，如父

1 编按：见《高僧传》卷六。

2 编按：《高僧传》卷六记载，当时有彭城刘遗民、豫章雷次宗、雁门周续之、新蔡毕颖之、南阳宗炳、张莱民、张季硕等人从慧远游，建斋立誓，由刘遗民著文以纪其事。

子、夫妇、祖孙、兄弟、叔侄、妯娌、婆媳、翁姑，其间亲疏等级，皆须章然有别。此种分别，又不宜在日常生活中表出，主要则在临丧时，对着死者，各人所着丧服上，明显透露出各人的身份关系来。此事在当时实极有关系。

远公用心及此，又不嫌讲授儒述，其内心所蕴，同在济世。若我们专从学术门户上着眼，则一个出家人为何来研究儒家丧服之礼，岂不与佛法所讲大相径庭。然当时佛法所以弘宣，实有赖此等高僧，如慧远，其人大心博学，宏应世需，岂是小儒小僧所能想望其意境之高远与宏通呢？

又雷氏与周续之尝同受远公之《诗经》学。则远公于儒学中，又是诗礼兼通。而佛学之所以成为中国文化之一部分者，其丰功伟绩，非有如远公辈之大德，自难胜任，此亦自可想象得之了。

远公后再讲到竺道生，此人依竺法汰改俗，而竺法汰亦随道安，则生公乃是释道安之徒孙。

今姑称述生公最著名之一节故事。当时有中译本《泥洹经》六卷，所谓小品泥洹，全书则有四十卷，谓之大本，即今所称之《涅槃经》。当大本尚未全译之前，六卷《泥洹》先至京都，生公剖析经理，洞入幽微，乃说一阐提人皆得成佛。

一阐提即外道敌对佛者之意。生公此语却与先译之六卷《泥洹经》所言相反。孤明先发，独忤众见，一时僧徒们便目之为邪说异端，讥愤滋甚。僧徒们召开大会将之驱逐，然生公仍不为屈，于大众前正容誓曰，若所言违背经义，愿于现身甘受疠疾之灾，不然，则愿舍寿之时据狮子座。言毕即拂衣而去，至虎丘挂锡，旋至庐山。不久，全部《涅槃经》译出，乃证生公所说，实乃悬契佛旨，一时僧人大为折服。

生公此一故事，实在中国佛教史上有甚大之关系。至少可使人了解到佛、法、僧三宝中僧之一宝，其价值关系与地位，并不在佛、法两宝之下。

佛性人人具有，佛法人人可悟，中国僧人此下自创宗派，其契机实自生公开出。而生公所持“顿悟”之说，迨至唐代禅宗祖师六祖慧能出世，更加发扬光大。此后禅宗一派，几成为中国佛学中之最要骨干。其说不仅人人可以成佛，抑且当下可以成佛。小乘佛法轮回之说，转成为不重要。此后佛教有两大宗最为盛行，即净土宗与禅宗，并又走上禅净合一之路。只要能摄心归一，念持佛号，即为成佛之捷径，抑且是成佛之正途。可见此两宗在中国社会上之普遍性与重要性。而此两宗之溯源，则不得不追溯到远公与生公。即此一项，魏晋南北朝时期人，在中国佛学史上之贡献，即在中国文化史上之贡献，已属无可比量了。

所以，我们若抹去一时的政治形态于不论，而专从学术与文化方面着眼，则魏晋南北朝此一时代人之成就与贡献，实未可轻视。

此下我将再赓续讲及有关魏晋南北朝时期人的经、史、子、集四部之学之大概，然后再进而找出此一时代人之思想理路来。

我此一讲法，以前人尚未有过，或者如此讲来，于魏晋南北朝时期之种种真相，可以提供出另一方面之看法来，使我们对此时代能有更深一层之了解，却不是我故意要为此一时代来作翻案的文章呀！

第二讲

论及中国的经学，《十三经注疏》当为一大结集。而十三经注除《孝经》由唐玄宗御注外，成于魏晋南北朝人之手者已占了一半。

《易》为魏王弼注，《论语》为魏何晏集解，《左传》为晋杜预集解，《谷梁》为晋范宁注，《尔雅》为晋郭璞注，至于《尚书》孔安国传，乃由魏晋人伪托。经清儒丁晏等人之考订，其作伪者，可能为魏王肃。近人谓东晋时另有一孔安国，然此人殆非作伪传之人，仍不如说是王肃为妥。至于《尚书》之伪古文部分，亦由魏晋人伪撰。

魏晋南北朝人又特创义疏之学，此等工作，殆与僧人对佛教经典所为义疏有关。惜至今此等义疏都已不传，仅有梁人皇侃所作《论语义疏》，在中国亡佚已久，清乾隆时由日本传回重印。我们由此略可窥见此一时代人所作经典义疏之一斑。

唐有天下，由孔颖达等编定《五经正义》，其疏之部分，即系采用魏晋南北朝人之义疏。故一部《十三经注疏》，其关于疏之部分，魏晋南北朝人所作却占了十之八九，此为魏晋南北朝人对经学贡献之第一点。

其次，再根据《隋书·经籍志》记载，魏晋南朝人有关经学方面之著述，计有六百二十七部，五千三百七十一卷，通计亡佚则有九百五十部，七千二百九十卷，数量相当庞大。如分类统计，则如下表：

经书名称	《易》	《尚书》	《诗》	《礼》	《乐》	《春秋》
部数	69	32	39	136	42	97
卷数	551	247	442	1622	142	983
通计亡佚之部数	94	41	76	211	46	130
通计亡佚之卷数	829	296	683	2186	263	1192

上表所载所云亡佚，乃指在作《隋书·经籍志》时所亡佚者，在今日言之，则可谓已大部分亡佚。然只

观上表，已可想见此一时期经学，并未中绝。若即以其著作数量之多寡，作为衡量当时人对经学中某一部分之重视与否之标准，则知此时代人在经学中最所重视者为《礼》，次为《春秋》，《易》则仅居第三位，其著作数量只及《礼》之一半，或其他五经之和之五分之一。今人或误谓魏晋南北朝人以《易》与《老》《庄》为三玄，于儒学中所重为《易》，实出于臆测，非当时之实相。就上述魏晋南北朝人之经学著作数量观之，实可揭发出当时人对《礼》学之重视。

唐杜佑《通典》引晋宋以下人礼议，凡已达二百余篇。朱子曾说，六朝人多精《礼》，当时专门名家有此学，朝廷有礼事，用此等人议之，唐时犹有此意。又说，五经疏，《周礼》最好，《诗》《礼记》次之，《书》《易》为下。此皆此一时代人于经学尤特重《礼》之明证。

在南北朝时，经学亦分南北，所重各不同。就《礼》学而言，南方人尤重《丧服》，如上讲高僧远公，亦精此学。如宗炳、雷次宗等知名学者都去向他学习。而雷次宗以此负盛名，当时与郑玄并称为“雷郑”。《丧服》本为《仪礼》中之一篇，所以别出成为一时显学者，正因当时门第制度鼎盛，家族间各人之亲疏关系，有赖丧服以资识别。而此一时代之门第制度，亦实为当时文化命脉所寄。《礼》之《丧服》，亦为维系此门第制度之一端。下至唐代，门第制度尚存在，故杜佑《通典》尚多引载此一时代人所讲关于《丧服》之篇章。逮宋后乃无大家族制度，故自程朱理学家下讫清代，经学考据已注意不到此一套学问。

但我们如欲研究中国文化史或社会史，则此时代之门第制度仍为一重要之节目，不可忽略，此点留待以后再细讲。

当时南方学者治《礼》，除《丧服》外，尚有一项须提及者，则为关于朝廷礼乐舆服仪注方面。由于当时南方武力不能打回北方，他们民族自尊心的激发，更注意到这一方面来。

衣冠文物亦可谓一民族文化之所寄与象征所在，而又为当时北方胡人所急切学不到者。高欢曾说，江南萧衍老翁专事衣冠礼乐，中原士大夫望之以为正朔所在。由高欢此一番话，正可说明南方人对于此一方面之重视。在心理影响上，对于当时南北对峙的争衡形势，有其甚大之作用。

其次说到北方学者，他们亦对经学中有关《礼》之一部分甚为重视，而且当时南北在学术上亦有声息相通之处。但比较言之，北人所重特在《周官》一书。此书中提出了古代儒家理想的一种政治制度，想把政治、教育、经济、文化融为一体。

此书虽为一部战国时人之作品，但普遍说《周官》乃是周公致太平之书。此可谓一部中国古代之乌托邦。但较之柏拉图的书，在我看来，是高明得多了。

一则柏拉图的乌托邦，太多不近人性、违背情理之处，而《周官》则是一部酌情酌理、根据儒家之人性观而设计展布者。

二则柏拉图的乌托邦，过半是徒托空言，而《周官》一书则是把理想融化进实际制度中去，转把理想部分隐藏不露，此正可见中国古人在政治方面之特具天才之一斑。

在南北朝时期钻研《周官》，彼辈之理想追求，欲以实际改进当时之政治。在西魏时，苏绰为宇文泰订立政制，建树甚多，惜其不永年，四十余岁即死了。

绰友卢辩，亦有志于《周官》研究，苏绰在政治上露头角，卢辩则专在学术上做钻研，曾有《周官注》一书，惜已亡佚不传。而苏绰之新政制，则由西魏而北周而下讫隋唐，重开中国历史之光昌盛运。苏氏之功尤不在小。

北齐有熊安生，亦当时北方经学大师。北周灭北齐，熊氏知北周君必来相访，命童仆洒扫户庭以待。翌晨果如所言。正因熊氏为当时讲《周官》之权威，而《周官》乃当时北方经学所重。北周即凭《周官》建制，故熊氏亦知北周君必来相访。

由此一节故事，可知《周官》学对当时政治之实际贡献。亦可知北方人讲经学仍走通经致用一路，与南方经学异途同归，事无二致。

近人陈寅恪著有《隋唐制度渊源论略稿》一书，其中详举隋唐统一后，一切礼乐舆服仪注方面，大都承袭南朝。此说亦非不是。但礼乐与制度在古代不见分别，亦可谓礼乐就是制度。秦汉以后，逐步演进，礼乐与制度终是分离了。如两汉书中之《百官表》《职官志》等属于制度，又如田赋、兵制等亦属制度；封禅、郊祀、舆服及一切仪注方面，则当属礼乐。此在欧阳修《新唐书·礼乐志》中已分析甚为明白。

若依照此一分辨，隋唐一切制度，大半承袭北朝，只在礼乐方面则采自南朝。陈氏把此两项混了，把礼乐仍当作制度，而又把当时的职官、田赋、兵制等种种重要制度，略去不讲，专一在舆服上、乐器上，及种种礼节之仪式上着眼。此方面在隋唐统一后，固自承袭了南朝的，但北朝儒生在当时实际政治上、在种种重要制度上之大建树、大贡献，反而忽略不提，此则偏失甚大，不可不辨。

以上简单叙述了有关魏晋南北朝人的经学。

其次讲到魏晋南北朝人的史学，可说比当时的经学更重要。据《隋书·经籍志》所载，魏晋南北朝人的史学著作计有八百一十七部，一万三千二百六十四卷，通记亡佚则有八百七十四部，一万六千五百五十八卷，较之经学著述要多出一倍。而且经学书中多有汉代及以前之旧书，史学方面，则多为魏晋以下人所新著。

在《汉志·七略》中，有六艺略，有诸子略，有辞赋略，但无史学。司马迁《史记》则附于六艺略中之春秋部门之下。此因汉代人写史者极少，尚不能独立自成一部门。

东汉自班固《汉书》以外，其他史学著作亦不多。中国史学发达，应自魏晋南北朝开始，而且此一时期史学之盛，不仅上驾两汉，抑且下凌隋唐，只有宋代史学，差堪与此一时期相比，此下明清两代，亦复瞠乎其后，远不能与此一时期之盛况相提并论。

今姑举其重要者，如晋陈寿之《三国志》，与宋范晔之《后汉书》，此两书皆列为正史，并与马、班两家史书并称为“前四史”。其他正史，如《宋书》《南齐书》《梁书》《魏书》等，均为此一时期人所写。

又有两部编年史，一为东汉末年人荀悦之《前汉纪》，又一为晋末袁宏之《后汉纪》，此两书亦极有名。直要到宋代司马光《资治通鉴》成书，才有继起。中间则更无堪与此两纪媲美之编年史出现。

故单举现存史籍言，此一时期人在此方面之成就与贡献，实至伟大，绝不可等闲视之。

今再略述此一时期史书之已亡佚者，如陈寿《三国志》，有裴松之注所引书，注出各家名字者，凡达一百四十余种，可以想见当时史书之盛。

而刘义庆为《世说新语》，梁刘孝标为之作注，其所引汉、魏、吴诸史及子传地理之书且不论，只晋代一朝史书及晋诸家列传谱录文章，已及一百六十六家。此两家之注，固是赡博，而陈、刘原著之精卓亦复因注而益显。

又如范蔚宗晔作《后汉书》，其时松之所注各书当俱存在，又可想见范书之取精用宏，故范书乃能有补陈志所不载者。而袁宏作《后汉纪》，其时当在范书未布之前，其所采既博，而竟亦少有出范书之外者，又可见范书采摭之功力。又如《晋书》在当时便有十八家之多，正为没有一家能如《后汉书》《宋书》般之独出诸家，而被认为一部正史，故有唐初开国后之重修。其他史籍繁众，一检《隋书·经籍志》，便知其详。

以上是说明史学为当时群力所萃，故能就中酝酿出好成绩。

今将魏晋南北朝人各种史学著作之内容，再作一简单介绍。

据《隋书·经籍志》乙部史籍共分十三类：一、正史；二、古史；三、杂史；四、霸史；五、起居注；六、旧事；七、职官；八、仪注；九、刑法；十、杂传；十一、地志；十二、谱系；十三、簿录。

正史即纪传体；古史为编年体；杂史则在此两体之外，或出于抄撮旧史而成；霸史乃分国史，如《十六国春秋》之类；起居注乃记载人君言行；旧事有制度法令，有杂事记载。至于职官、仪注、刑法三类，则专属于礼仪制度方面者。

其杂传一类，尤为魏晋南北朝人所特别具有兴趣者，故此方面的撰述共有二百一十七部，一千二百八十六卷，主要为人物传记，其中有分类作传、分地作传、分家族作传，并有一人专传自成一书者。

此见魏晋南北朝人重视人物胜过其重视政治，而人物之记传既详，荟萃成史，其事亦易。

其次为地理记，其部数与卷帙，仅次于人物传记，凡得一百三十九部，一千四百三十二卷。盖人物与地理有关，当时人既喜欢分地传其人物，乃有专作地记者。

又次为谱系。此一类亦与前两类相引而起。盖其时门第制度盛行，门第必标举人物，又必标举地望，又必有谱牒世系。直至近代，如方志，如家谱，依然代有新书，唯人物传记一项，则似不能与魏晋南北朝时期相竞。在此分类上正可见出此一时期之一种特殊精神所寄。此事俟后再提。

至于簿录一项，亦可由此看出魏晋南北朝人的另一种特殊精神。簿录即是一种图书分类目录。而《隋志》所收关于此类者亦得三十部，除《七略别录》及《七略》两种外，其他二十八部全属此一时期人之著述，即此可见此一时期人重视书籍，好尚搜书。既有收集，自有目录。其事亦相因而起。

今再综合言之，此一时期人重人物，又好尚书籍，于是亦好著述，而其所著述，以人物传记为最易引起兴趣者。此恐是此一时期史学骤形突盛之一因。

今再简括上述，则魏晋南北朝人于经学极重

《礼》，于史学则极重人物。要之，乃是重视人生。此则与其重老庄，好言虚无，竞尚放达之风大有大同，此亦甚可注意之事，留待下详。

第三讲

述魏晋南北朝人的经学、史学已竟。今再一谈集部。

《汉书·艺文志》六艺、诸子略外，为诗赋略。所收只楚辞、汉赋，与后世集部有异。集部兴自东汉，至魏晋南北朝而大盛。

据《隋书·经籍志》所记，此一时期，集部书共有五百五十四部，六千六百二十二卷，通记亡佚，则为一千一百四十六部，一万三千三百九十卷。卷帙之多，堪与史部相埒。若此一时期作四百年计，则每年平均可出一部至两部集，亦即可谓每年可出一位至两位专集作家。此即长治久安之世，前如汉，后如唐，亦难有此盛。不谓此时代分崩动荡，祸乱相寻，而得有此。

论其内容，总集中有《昭明文选》一书。在中国文学史上有其不可磨灭之价值。此集中所收虽不全属魏晋南北朝人之作品，然以此一时期人所作为主。

此书在唐代最受重视，故有“《文选》熟，秀才足;《文选》烂，秀才半”之说。宋以下，诗尊李、杜，文推韩、柳,《文选》地位似有减损，然治文学者,《文选》仍是一部必读之书。

直至今日，论韵文学方面，楚辞以下，必及《文选》，其地位迄难摇动。实可见此一时代人在中国文学史上之贡献，其价值乃无可否认。

中国古代专门的纯文学作品集，在此以前，严格言之，实可谓绝无仅有。有表达学术思想，如孔、孟、老、庄之书，或记载历史事实，如马、班之《史》《汉》，其他如书记、奏议、诏令之类，则是政治上之应用文。

若论纯文学作品，则只有两种，即楚辞与汉赋。而正式有纯文学独立之觉醒观点，则必俟建安时代开始。故以魏晋南北朝人与汉代人文章相比，则汉代作者每不以自己放进其作品中。换言之，即在文学作品里，极少表现作者之日常人生及内心情感。即是在文学作品之背后，绝少有作者人格之存在。即如司马长卿之《上林》《子虚》，扬子云之《羽猎》《长杨》，班孟坚、张平子之《两都》《两京》，全是极大文章，但不将作者自身投入其作品中。

换言之，乃是当时之文学作品与作者私人无关。但到建安以后，即见文章背后有人，即将作者私人放进其作品中，以文学作品表现作者私人人生及情感之用。此等文学乃可谓上复《楚辞》之旧，就此点言，亦可谓魏晋南北朝人之文学乃较两汉为进步。

此下唐宋文学，乃承袭此一传统，而此一传统之创始，则在魏晋南北朝。以前《诗经》与《楚辞》，虽在作品背后有作者其人，但作品之产生，仍以政治为因缘、为对象，极少能像此一时期人，始能有纯文学之抒写，此层亦可谓是此一时期人一种绝大的贡献。

由上所说，我们从《文选》中来读魏晋南北朝人之作品，大多可以在其作品中窥见作者其人。如欲知曹植，读其诗可较读史所窥见者更深入、更丰富。即如阮籍、陶渊明诸人亦然。

作者人品不同，其时代背景不同，其内心情感不同，其作品亦显然各有不同。我们可从各家作品之背后看出各家之私人生活及其性情、志趣乃至其人生理想与向往之一切。换言之，此一时代人之人生乃在此一时代之文学中表达透露。

故我们今日欲研究魏晋南北朝之时代及此一时代之人物与其整个人生之理想与向往，此一时代之文学作品乃为一种主要的参考材料。此又为一种特殊情形，为以前所未有。

若我们欲了解两汉，必主要探究其历史，如《史记》《汉书》之记载；而我们若要了解魏晋南北朝，则主要研究除历史记载，尚有文学作品一项，在此项中之所表达，或许较之历史记载更为亲切而有味。

此一点乃为过去研究史学者所忽略。当知就文学来讲历史，必待此一时代始有可能，而亦为此一时代人之绝大贡献。

近人或疑《文选》中所收此一时代人作品多系风花雪月，无关紧要。此实大误。

正唯纯文学的觉醒与独立，迨至魏晋南北朝时始有，那时人才知将作者自身投入于其作品中，他们始知借着文学作品来表达作者自身，这一新觉醒成为一新风气，形成当时整个时代的一种时代精神。于是魏晋南北朝人，人人都喜自己有一部集子，在集中表现自身，俾以永存后世。如此作者私人才可赖以不朽。这种想法蔚成风气，于是集部竞兴。据史籍所载，当时人虽只有五百多部文集能保存流传下来，但魏晋南北朝人此一种想法，当可由此推见。

此后唐宋各代直迄近世，凡论文学，均不能超出于魏晋南北朝人当时所标榜之此一最高理想，这实可谓是此一时代人对后世有大贡献。

有关文学方面之著作，除《文选》，尚有一极为重要的书，与《文选》可以相提并论，即为刘勰之《文心雕龙》。此书是一部综合性的有关文学批评与理论之书，至今仍受人推重。作者刘彦和勰与昭明太子同时，自幼即依沙门僧祐，博通经论，并校注定林寺经藏。后一度出仕，晚年燔发为僧，改名慧地。其书分上下编，上编剖析文体，下编商榷文术。

今举其上编之首三篇《原道》《征圣》与《宗经》，及其下编之首三篇《神思》《体性》与《风骨》略言之。窃意道与圣，正犹如佛家三宝之佛与法。圣人虽亡，其道犹存。圣道之保存在经籍，文章所以明道，彦和谓“道沿圣以垂文，圣因文而明道”。圣人之因文明道，此“文”即是经，故后之作者，首贵“征圣”与“宗经”，则理想之文人，应亦如佛家之三宝中有僧侣。彦和之论文如此，即此后昌黎论文，大旨亦不过如此。自昌黎以下，凡论文者，其所举之最高境界，当亦无能逾此。

下编论文章作法，首篇“神思”乃指作者之精神思想。彦和云：“‘形在江海之上，心存魏阙之下。’神思之谓也。”可见神思即指作者之内心。作者之内心即其作品之灵魂，否则文章便无所出。可见文章之神思，即是作者之神思。内外并非二物。

次论体性。文章之性格，亦即作者之性格。善观人者，骤见一人，即可察见其性格，其人之性则必附于其人之体而可见。故彦和曰：“才有庸俊，气有刚柔，学有浅深，习有雅郑……故辞理庸俊，莫能翻其才；风趣刚柔，宁或改其气；事义浅深，未闻乖其学；体式雅郑，鲜有反其习。”可见彦和之意，谓文章之体性，其背后即是作者其人之体性，乃是由于作者之体性而表出其作品之体性者。

再次为风骨。“骨”犹言体，“风”则犹言性。彦和曰：“怊怅述情，必始乎风；沉吟铺辞，莫先于骨。故辞之待骨，如体之树骸；情之含风，犹形之包气。”文辞乃外形，所以使其文树立成体；文情乃内心，所以使其文感染有风。所谓风，即是以此心感染他心。

可知彦和言文章之体性风骨，其背后即是作者其人之体性风骨为之主。犹其言文章之神思，其背后即是作者之神思为之主。可见文章背后必有一人，正如道与经之背后必有一圣，此乃一种人与文合一，即作者与作品合一，进而文与道合一，即作品与天人大道合一之理论。此虽是彦和一家之言，然正可代表魏晋南北朝此一时代之共同风气，共同意见，递进益深，而达此境界者。

彦和作《文心雕龙》，有《序志》谓“齿在逾立，则尝夜梦执丹漆之礼器，随仲尼而南行”。又谓“敷赞圣旨，莫若注经，而马、郑诸儒，弘之已精，就有深解，未足立家。唯文章之用，实经典枝条”，于是乃始论文云云。由此可见，刘勰之文学思想，实俱三源头。其一是建安以来，以文学作品表达作者个人之新潮流；其二是魏晋南北朝人依然重视经学、崇尚儒术之旧传统；其三则是在他身上又加进了当时佛门子弟一种宗教的新信仰，而汇合成其一家之言。

我此偶举《文心雕龙》一书作讲题，固不足以说魏晋南北朝人对文学全有如此观念，全有如此了解。但可把刘氏一家之言来作代表，至少刘氏一家言乃在此一时代中孕育而生。我们要认识此一时代人之学术风气、人生理想以及此一时代人之共同精神，刘氏之书，至少亦可以代表其一方面。

除刘书外，又有钟嵘《诗品》，亦为一部文学批评之佳作。魏晋南北朝人本喜品评人物，诗文之背后即有作者人物之表现。故品评诗文与品评人物事出同源。若就史学眼光看，读此一时代之文学，便可窥测此一时代之人物，而读此一时代之文学批评，亦可窥测此一时代之人物标准与人生理想，而时代精神亦于此中见。

故此二书就史学眼光看，亦值重视。

钟嵘《诗品·序》有云："永嘉时，贵黄、老，稍尚虚谈，于时篇什，理过其辞，淡乎寡味。爰及江左，微波尚传，孙绰、许询、桓、庾诸公诗，皆平典似《道德论》，建安风力尽矣！"此一说亦大可注意。

《旧唐书》列"《文选》学"于《儒林传》，而钟嵘又谓贵黄、老，尚虚谈，遂使一时篇什，淡乎寡味。可见此一时代之文学，一方面既亦与经史之学相通，另一方面亦不得谓其全为老庄清谈掩胁以去。此亦尚论魏晋南北朝学术者所不可不注意之点。

以上略述了魏晋南北朝人对经学、史学及文学各方面之成就与贡献，而其间尤值特别重视者应为史学与诗之两项。

当时史学重心在传述人物，而诗则重在人物自身之表现。今再综合说之，知此一时代人，所重在一个个的人，而所缺则忽略了整个的群体与整个的国家。故论当时之政治，分崩祸乱，绝无足道。然不得谓当时便无人物可言，亦不得谓当时人物更无理想，无学术成就。

当时上层政治虽颓败不振，然社会民间仍保有一分文化传统与学术精神，故能在此四百年中，虽是一大乱世，而其著作之多，则前超汉而后轶唐。

唐代虽说富强空前，又见称为文盛之世，然据欧阳修《新唐书·艺文志序》，唐之学者，自为之作品，亦仅得二万八千四百六十九卷，拟之魏晋南北朝尚有逊色。

今当进而探究其所以然之故，则不可不谓与当时之门第有甚深之关系。而魏晋南北朝此一时代，何以既尚黄、老，又重经、史，并盛文学，复亦兼信释氏，在学术上种种复杂情态，其莫不可就当时之门第背景，提供一综合之说明。

此下当再逐步加以阐释。魏晋南北朝门第之盛，此事尽人皆知。唐李延寿作南北史，评者谓其书体例，乃以家为限断，而不以代为限断，似近家乘，而非国史。又谓宋、齐、梁、陈四代卿相，多出王、谢两家，李书似以两家贯四代，而四代似变为一代。又说《北史》列传与《南史》重复，虽曰二书，实通为一家之著述。凡此所评，实已深切说明了当时历史上之特性。朝代可以随时改易，而门第则递嬗相承，维系不衰。

故在当时政治上，虽若祸乱迭起，而在当时各家大门第之内，则安静如常，并不见大扰动。我们固可说当时大门第并不关心政治，而政府亦无法对付此等大门第，乃是当时历史大病痛所在。

然我们亦可另换一方面作批评，谓当时中国文化命脉之所得以延续，使不中断，而犹能下开隋唐之盛者，则实赖此类大门第之力，则当时之门第，在当时历史上实亦有其一部分之功绩，不可抹杀。

否则东汉之亡，亦早如西方罗马帝国之崩溃，而中国文化历史传统亦势将中断，事无可疑。

此下当先试一谈中国此一时期之门第制度何由产生，其次再说及当时之门第制度又是如何维持。我们常听人说，门第制度为当时一种恶势力，又说门第制度全由九品中正制度为之作护符。所谓“上品无寒门，下品无贵族”，即是明证。此等说法亦各有部分理由，然亦有不尽然处。

实则门第在东汉时已产生，此项制度乃由东汉之选举制度而引起。若溯远言之，自战国以后，士人兴起，至汉武帝时，士人政府正式成立，而参加此一政府之士人，又多属于儒家，彼辈远承儒家敬宗恤族之义，而在其各自之乡里形成盛大之士族。因经学传家而得仕宦传家，因仕宦传家而积厚流光成为大门第。由东汉末年下至三国魏时，大门第已极普遍，只一检《后汉书》及《三国志》之列传，当时各有名人物，其先已是世代公卿，家世二千石者不胜枚举。所定九品中正制，乃因此等形势而订出。而定此制度之陈群，亦即名门之后，可见乃是有了门第而始产生九品中正之制度，并非因有九品中正制而始有此下之门第。故探究中国历史上之门第起源，实与儒家学说有不可分之关系。门第精神乃由儒学精神中蜕变而出，此事必当首先揭出。

如儒家思想不当道，不可能有汉或以下之士人政府出现；如无此士人政府之出现，亦不可能有此选举制度之厉行；如无儒家敬宗恤族之传统思想，即在选举制度下，亦不必定成为士族。

故士族与门第，其产生之血缘本于儒家，若儒家传统消失，门第亦将不存在，此事不可不知。

以上阐述正可说明魏晋南北朝时期所以儒学不替、经学犹盛之一面。

第四讲

上面讲过，魏晋南北朝之门第社会实渊源于汉代之选举制，东汉时代由于累世经学、累世公卿，遂逐渐形成门第社会。

当时选举最重要名目厥为“孝廉”一项，居家孝，服务廉。门第产生即源于此。此种提倡显然属于儒家思想之经学精神。待到朝纲浊乱，党锢狱起，儒生备受摧折，其影响及于门第中人生命之前途展望者，自必甚深甚大。此可举当时范滂的故事以资说明。

范滂亦是举孝廉出身，而负当世重名之人。党锢狱起，汝南督邮受诏捕滂。至县，闭传舍，伏床而泣，一县不知所为。滂闻之，曰：“必为我也。”即自诣狱。

县令郭揖大惊，欲与俱亡，滂曰："何敢以罪累君，又令老母流离乎！"其母就与之诀。滂曰："滂归黄泉，唯大人割不可忍之恩，勿增感戚。"母曰："汝今得与李、杜齐名，死亦何恨？既有令名，复求寿考，可兼得乎！"滂跪受教，再拜而辞。顾谓其子曰："吾欲使汝为恶，则恶不可为；使汝为善，则我不为恶。"行路闻之，莫不流涕。[1]

在此节故事中，已可见当时之士人内心之苦闷与彷徨。此下政治黑暗，有加无已，则试问在此世局下，人生究竟是否尚有价值？抑因天下乱，即全部人生价值将尽被取消？

此一问题应必在当时人心中郁结而倡求一解答者。今试再举一例，其人亦受遭党锢之祸，幸全性命而被锢十四年，此人即当时最伟大之经学大师郑玄康成。灵帝时，党禁解，屡征辟，康成坚拒不出，而袁绍子谭又强欲罗致，康成不敢拒，终勉赴召。彼乃一醇儒，著作甚丰，党锢事解，注古文《尚书》《毛诗》《论语》，为袁谭所逼，未至元城，乃注《周易》。[2]

1 编按：见《后汉书·党锢列传》。

2 编按：见《后汉书·张曹郑列传》。

玄之注《周易》，乃在其逾七十高龄，临死前数月之事。考其一生乃在逃避世难中，而完成传经之大业。然处乱世之人，未必人人埋首腐心于著作，则试再问乱世人生若不从事著作，价值又将于何寄托，于何表现?

今试再举一故事，聊供为当时人心对此问题之又一解答作推测。此一故事载于《世说新语·德行》，云:“陈太丘诣荀朗陵，贫俭无仆役。乃使元方将车，季方持杖后从。长文尚小，载著车中。既至，荀使叔慈应门，慈明行酒，余六龙下食。文若亦小，坐著膝前。于时太史奏:‘真人东行。’”此故事亦见于檀道鸾之《续晋阳秋》，语见刘孝标《世说新语注》，云:“陈仲弓从诸子侄造荀父子，于时德星聚，太史奏五百里贤人聚。”则此故事为当时以及后世人所传诵可知。其云“德星聚”，“太史奏真人东行”，与“五百里贤人聚”云云，虽不能认。为是真实信史，然正可由此传说，推想此一故事之为当时及后世人所重视。故为之渲染夸大，造此饰说，则此一故事之惊动时人深有影响，岂不可见。

陈寔在当时则仅做一小县官，太丘县长，在政治上绝无表现，荀淑亦非一政治上人物，当时陈、荀相会此一故事，下距刘义庆作《世说》，已二百年以上，而此一故事之影响力尚未褪淡，故《世说》乃重加以记载。今试问此一故事，究有何等价值而值得如此张大传述？

只是两人一时相会，两家子弟随侍，吃了一顿家常饭，有何值得如此惊动渲染，大书而特书，传诵而不衰？此中必有一内在意义可资推寻。当时人重视于此者何在？后代人怀念于此者又何在？研究历史的正须就此推究出一番道理。

当知此中正有魏晋南北朝人一向所蕴蓄于内心之一番精神向往与人生理想所寄。请试为之阐发。

《世说》同卷有一条云："客有问陈季方：'足下家君太丘，有何功德，而荷天下重名？'季方曰：'吾家君譬如桂树生泰山之阿，上有万仞之高，下有不测之深；上为甘露所沾，下为渊泉所润。当斯之时，桂树焉知泰山之高，渊泉之深，不知有功德与无也！'"

观此条，可见我们此所提出之问题，在当时人亦已提及。若论陈仲弓在当时政治上、社会上有何实际功德可言，则只可说并无实际功德。其子季方之答词，则大可注意。彼言其父太丘君之伟大，正如桂树生于泰山之阿，换言之，乃是与世无关。

然此桂树实有一种坚久之生命力，并能发出一种强烈之清香播闻四围。唯此即是此桂树内在的德性，并其植根于泰山之阿，所占地位既是高出尘氛，超世而独立，而又上沾甘露，下润源泉，得天地自然之气之护养。人生如此，纵对实际政治、社会无功德可言，而自有其本身价值存在可知。

当知陈季方此一观念，实可谓乃是此下门第中人所共同抱有之观念。世乱如此，河清难期，但不能说一切人生价值，便因此而全部存在。今人论此一时代之门第，大都只看到他们上在政治上的特种优势，下在经济上的特种地位，却不注意到当时门第中人之人的本身。

所谓门第中人，分析言之，只是上有父兄，下有子弟。当知当时门第之所赖以维系而久在者，在上当有贤父兄，在下当有贤子弟。若此两项俱无，试问政治上之权势，经济上之丰盈，是否只此二者，便可把门第支撑了几百年而不衰不败？

当时陈、荀相会此一节故事，所以引起后代人如此向往与重视而传述不辍者，正为此两家之各有贤父兄与贤子弟，此层值得在此特别提出。

于是我们可再进一步讨论当时人所共认为一人之贤德者，其主要内容又何若。今再据《世说》同卷另一条说之。《世说》云：“李元礼尝叹荀淑、钟皓曰：‘荀君清识难尚，钟君至德可师。’”

李膺与陈寔同为当时荷负众望之大贤，李之赞钟皓，谓其“至德可师”。“至德”即是一人之最高道德，亦即人生之内在价值，并不定要有外在之功德。

而至东汉末期，大家争崇颜渊，此非谓孔子不再受重视，唯颜渊“一箪食，一瓢饮，在陋巷，人不堪其忧，回也不改其乐”。颜渊更无外在之表现，而人生之理想境界与其最高的精神价值，都已在颜渊的身上透出，即此便是一种至德。

李之赞荀淑则谓其“清识难尚”，殆即指除却人间世外在种种功德建树，以上人生，仍在其一种内在独立之精神价值之存在。如此则李膺所举至德、清识之两项，应可约略以《中庸》所举之“诚”与“明”两项作比。至德犹诚，清识则属明。由诚明，由明诚，至德与清识，可分而仍相通可合。李膺此之举，实可谓是此下魏晋南北朝人所共同抱有之一种人生标准与人生价值之理想所在。

由于东汉选举制度，而引起当时社会好作人物之品评，此事尽人皆知。而大体此项品评，自李膺以下，即多陷于玄虚不实，即不重在其人之实际事行，即其外在之事功德业，而专在其人所表显在其自身之一种标度与风格，以作为品评之准则。

今试再就《世说》中卷《赏誉》篇所载为例：

“世目李元礼‘谡谡如劲松下风。’”刘孝标注引《李氏家传》，谓：“膺岳峙渊清，峻貌贵重。华夏称曰：‘颍川李府君，頵頵如玉山。汝南陈仲举，轩轩如千里马。南阳朱公叔，飂飂如行松柏之下。’”

公叔度评郦原：“所谓云中白鹤，非燕雀之网所能罗也。”

裴令公目夏侯太初：“肃肃如入廊庙中，不修敬而人自敬。”一曰：“如入宗庙，琅琅但见礼乐器。见钟士季，如观武库，但睹矛戟。见傅兰硕，江廧靡所不有。见山巨源，如登山临下，幽然深远。”

王戎目山巨源：“如璞玉浑金，人皆钦其宝，莫知名其器。”

庾子嵩目和峤：“森森如千丈松，虽磊砢有节目，施之大厦，有栋梁之用。”

王戎云：“太尉神姿高彻，如瑶林琼树，自然是风尘外物。”

王公目太尉：“岩岩清峙，壁立千仞。”

世目周侯“嶷如断山。”

王右军道刘真长“标云柯而不扶疏。”

观上诸称引，可见魏晋南北朝人批评人物，其风远自东汉一贯而来。他们都喜把外面一切人事纠缠全摆脱开，专从其人所表现在其本身者来作品目，因之在其人之仪容举止、言辞音吐上，也多所留意。

魏晋南北朝人观念，似乎认为一人之德性，即在其日常生活之声音仪容中表出。此种德性之表出成一固定之格调，时人谓之是其标致，亦可称标格，或风标，或风格，或气度。此后宋儒则爱言气象，其实也和魏晋南北朝人意态甚相近。

此种标志与气象，虽是只就其人之表现在自身者言，但一人之品格修养，并不仅是静定的，只在其人之本身，此种品格则实具有一种动的潜力，可以使人与之相接而引生一种仰钦欣羡之心情，而受其感染，而群相慕效，此乃其人人格一种内在之影响力，此种潜力之发为影响，魏晋人则称之为风流。

《论语》云："君子之德风，小人之德草，草上之风必偃。"《孟子》云："其故家遗俗，流风善政，犹有存者。" 所谓人物风流，则指某一人之品格修养可以形成一时风气，为人所慕效而言。今人称魏晋门第中人为新贵族，此种标致风流，即是当时人自标其高贵风格，以异于世俗常流之所在。

《晋书·卫玠传》称此君风流名士，海内所瞻。正因其为海内所瞻，所以遂成风流。

又《晋书·王献之传》称子敬少有盛名，高迈不羁，虽闲居终日，容止不怠，风流为一时之冠。当知王子敬之风流，正在其能高迈不羁，自异于流俗，而又能不怠容止，以自成一高贵之风格。此始够得上当时门第中人之标准。

我们从此再看上引《世说新语·赏誉》诸条，当更可想象出魏晋以下人对于人生理想所追求之境界，以及当时之风尚，所谓时代精神之所在。而此等则尽与门第有关。

若我们忽略了当时之门第实况，而专从老庄道家书求之，则将无从了解其真相。

以上所举，所以证见东汉末期下迄魏晋，当时人之人生理想乃及人物标准，虽是羼进了不少老庄消极气氛，仍不失为有甚深厚之儒家传统为之作底。最多只能说当时乃是一种儒道合流之局面，而非纯是上了老庄行径，则显然可知。

盖当时人采取道家求以处世，而保守儒术则用以治家。政府治乱，朝代更迭，他们既感到非力所及，可以置之不问，但所资以退守自保者，则在他们之门第。

欲保门第，则不得不期望有好子弟。

上述陈、荀聚会，所以深受后人之仰钦想慕，则正为两家之各有好子弟可以承袭家庭之福荫，而永传弗衰之故。

兹再引录《世说》一节如下：

“谢太傅问诸子侄：‘子弟亦何预人事，而正欲使其佳？’诸人莫有言者，车骑答曰：‘譬如芝兰玉树，欲使其生于阶庭耳。’”

此条谢安问诸子侄，可见欲有佳子弟，乃当时门第中人之一般心情。所谓子弟亦何预人事，乃当时尚老庄故作此放达语。然若真效老庄，真能放达，不稀罕有佳子弟，试问此门第又如何得传袭往下。且不论门第往下之传袭，即在当时若无佳子弟，此门第又如何装点出气派来？此正如广庭崇阶，苟无芝兰玉树装点，眼前便感寂寞，不成模样，又何况尽长了些稗草恶木。而欲求家庭有好子弟，则儒家一套礼法教训便放弃不得。

因此，魏晋南北朝人纵谈他们心胸力求豁达，然在此相尚以门第家世之环境与心理之下，至少希望有好子弟一点则必为他们所注意。又如上引《世说新语·赏誉》诸条，当知此等人物标致，最先受其影响者，自在其家门内之子弟，若使其人之流风余韵，在家门之内尚不能有所感被，则更何望于浊乱之外界。

故知当时人此一种风流自赏之精神，其意与所属，最先即在其家门之内，子弟即是其最直接之对象。此种心情即在今日，宜可想象得之。

因此大体而言，在当时实可谓政乱于上，而家治于下。苟非家治，则何来有门第传袭？尽在祸乱中而传袭下三四百年，并传袭到隋唐。此一种门第之生命，可以绵延七八百年以上，此一史实，我们万不该忽略。

此所揭举，实是代表魏晋南北朝人之人生情趣与精神向往之一面，为我们考论当时历史文化者所当着眼，而尤贵能深切加以体会者。

兹再引《世说新语·德行》所载别一条加以疏说。《世说》云："华歆遇子弟甚整，虽闲室之内，严若朝典。陈元方兄弟恣柔爱之道，而二门之里，两不失雍熙之轨焉。"此条述华、陈两家门风家规之不同，一尚严肃，一尚柔爱，而各有雍熙之致，当知从来治家之道，亦断不外此两轨。陈家固是一门贤德，至于华歆，论其政治上之操守，殊卑污无足取。然据刘孝标注引，谓华歆尝与北海邴原、管宁俱游学相善，时号三人为一龙，谓歆为龙头，宁为龙腹，原为龙尾。

就出处进退之大节言，华歆岂能与邴、管同论，乃当时人歆羡华歆，竟誉之为龙头，似乎其受人重视，反更在邴根矩原、管幼安宁之上，此处所透露出之时代消息，实深值我们深细领略。

《世说》又有一条云："王朗每以识度推华歆，歆腊日，尝集子侄宴饮，王亦学之。有人向张华说此事，张曰：'王之学华，皆是形骸之外，去之所以更远。'"此一条正可为我上释风流二字做证。

王朗慕效华歆之治家，华歆在当时正是一风流人物了。

又如何曾，食前方丈，无下箸处，其生活奢靡，见讥当代，然治家严整，亦为史籍所称。此等人在政治上都是绝无建树，因此无救于世局之浊乱。但在家庭间总还有轨辙可循，所以还能把他们的门第保持下来。

（此篇为钱穆先生 1960 年代初讲于香港大学校外课程）

《庄子》导读

一个民族必有其人人必读之书。

自宋代起，人人必读之书为“四书”，即《大学》《中庸》《论语》与《孟子》。至今已有几百年。

《论语》与《孟子》为二千年来必读书。《大学》与《中庸》为几百年来所定。

我认为《老子》与《庄子》，亦是人人必读书。因儒、道两家已有二千年历史，对中国影响最深最久。

中国之道理，万变不离其宗，均在《论语》《孟子》《老子》和《庄子》四本书中，无论是诗、古文……均在其中了。

《庄子》有三十三篇，是最难读的书，如能读通《庄子》，此外的书也都可看得明白了。读《庄子》可说是读古书的基础。

我从十岁开始到十二岁这一阶段爱看小说，当时金圣叹认为有“六才子书”，是才子必读，才子即天才，即是说《水浒传》《西厢记》《庄子》《离骚》这些书都是才子必读的。

中国佛家均读《庄子》，由高僧作注。读古书一定要有注，《庄子》这部书以郭象注最为有名，但仍不易懂。清人王先谦有《庄子集解》，商务印书馆出版，可以一看。

我在四十岁后作《庄子纂笺》，引用的注有三百家，历时两年完成。

庄子是战国时人，与孟子同时代，庄、孟两人生前并未见过面。孟子在政界的关系多，庄子则少。我已在《先秦诸子系年》一书中详细谈到了。

庄子的好友为梁惠王之相惠施，惠施曾介绍庄子见过梁惠王。

庄子做过漆园吏的小官，漆园是一所农场。他用一生写了这部书。我在 1953 年时写了《庄子小传》，当时很得意，自认为写出了庄子一生的事迹。

《庄子》一书有三十三篇，由郭象编成。在郭象以前，据说《庄子》有五十二篇，至今流传的却只有三十三篇。

《庄子》包含内篇七篇，外篇十五篇，杂篇十一篇，共三十三篇。古人心胸广大，讲公理，不为个人。

学生亦讲先师的道理，放在一起，亦名叫“庄子”，是学派的名称，故“庄子”非庄子一个人的名称。后学者发挥庄子的意思，亦合并在一起了。因此，《庄子》内篇可能是庄子自己所作，外篇是他人所作，杂篇则是零碎未能成篇的作品。

一般来说，《庄子》以内七篇为最佳。我认为孔、孟、老、庄四人，以孔子为最早，孟、庄次之，老子最后。

《庄子》外篇中尚有较《老子》更迟的作品甚多。其中如《马蹄》篇，并非庄子所作。法国卢梭最爱此篇，因为此篇文短，容易讲解。

至于《庄子》书的真伪，有的是庄子亲笔，有的非庄子亲笔，有的文章出得早，有的则迟。

《庄子》的内篇难读，外篇较易；杂篇有的难读，但精而重要，不过写得很乱。

庄子的文章，可说是千古以来的好文章。吾人如欲写韵文，则可读《离骚》；如欲写散文，则当读《庄子》。

我从前喜欢《庄子》与《离骚》，不懂不要紧，只要喜欢就好了。不喜欢则懂了亦会讨厌。我们要培养读书的心情，喜欢了，要懂也会省力，也必定会有兴趣。

并非叫你知学，而是叫你好学，要有喜欢的心情。一切的生活，均从喜欢而变成懂，任何东西都是从先喜欢而变成懂的。

吾人首先要培养好学的心情，不懂也要喜欢。这是少年心情，大了就差了，小孩子不懂的愈喜欢。年长的人尚能求学，是永远向不懂的地方跑，学问才会有长进。

《庄子》这部书很难读，它的思想高，文学也高，它所表达的东西文字很难把握。

苏东坡曾说有很多话想讲，后来读到《庄子》，才知道什么都被庄子讲完了。

汉代人讲黄老之学，魏晋后才讲老庄之学。郭象注《庄子》的文章也好极了。我五十岁时才知郭注也有错误，正如朱子注《论语》也有错误。

郭象注《庄子》，有一部分是郭象的思想，与《庄子》不同，乃自成一派。郭象品行不好，据说是偷了向秀的注，其实郭是跟随了向秀的讲法，即是郭象读了向秀注的《庄子》后，再重写一部，窃取了向秀的观点之谓。

有关《庄子》的注，可分三个时期：

第一期是郭象的注，是必读的。还有隋末唐初陆德明的注，也值得一读。

汉代讲黄老之学，魏晋后则讲老庄之学，再加上《易经》，称为“三玄之学”。

王弼注《老子》《易经》，郭象注《庄子》。

关于《经典释文》中“释文”，即是每个字的解释，要明其意义，后来有人将《经典释文》中之文字说明印入郭注《庄子》中，成为郭象注，陆德明音义。陆德明之音义汇集数人之解，由读者各自选择。

唐代帝王姓李，老子亦姓李，故重道教。有成玄英者，作《庄子疏》。疏者，是解释注的，注读不懂，可读疏。

今日有人将郭注、成疏与陆德明音义合起来看。

第二期是宋元明时期，焦竑作《庄子翼》《老子翼》翼是帮助之意。此翼搜集了很多学者的意见，很重要，可惜此书流传不广。

第三期是清代。清代人重汉学，重视整理国故，功夫伟大。读古书者，先要读通清人之汉学书籍。梁任公誉清代为中国之文艺复兴时期。有名言道：“训诂明而后义理明。”因宋学又称理学，即义理之学，即孔、孟、老、庄所讲的义理。

清人说，先明训诂，才能明义理。亦即读书先要识字。

中国的文字，二千年来字形不变，但字义的用法不同了。

读古书应考究古书之讲法，不应用现代字去解，故要先明训诂。

训诂即古代字之用法，如何确定训诂为真，乃有考据学可证明古代讲法为何。这种训诂、考据，便是小学。识字是小学，读书是大学。故应先读文字学，搞通国文，方能读古文。

清代最有名的讲汉学的便是俞樾曲园，他学王引之的《经义述闻》，写成《群经平议》，他又学王氏的《读书杂志》而写成《诸子平议》。《经义述闻》和《读书杂志》是两本很出名的谈小学的书，尤其是前者，读来很有趣味性，使人心悦诚服。

由于王引之提倡，研究文字训诂之风大盛，如果我们读了上述王、俞四部著作，拼起来便可以读通任何一本书了。胡适写哲学大纲时，也说要感谢王、俞两先生，否则便读不懂古书，故吾人应先习小学，搞通文字训诂，才可明思想义理。

但我认为“训诂明而后义理明”这句话并不很对，应更进一步，再加上考据才对。这样才能比清人的训诂更进一步。

例如，“诗言志”这一句，其实并不如字面那么简单。且“言志”两字有问题。倘使不作诗，作别的更能言志，则不必作诗，故此两字并不简单。因为有考据，是根据汉人而来，故光是谈训诂是不够的，应再学考据，范围便更为广大。

如“学而时习之”“颜回好学”两句，训诂中之意义，“学”者，“效也，觉也”，已用不到，应用考据了。宋人有专文《孔颜所好何学》，小程颐十八岁时作此题目，直传至今，非训诂所能做到。要读通全部《论语》才能得到。故光是小学是不够的，故清不如宋。

又如“道可道，非常道；名可名，非常名”，应先读通《老子》五千言才能明白。非单讲训诂可明，亦是王、俞所无法讲到的。

因此，学问可分考据训诂之学与义理之学。如《论语》中之“仁”，须归纳之才可解释，单从训诂去找则不对。

清人阮元有作《论语论仁篇》与《孟子论仁篇》，朱夫子说，不讲到“仁”处，难道与“仁”不相干吗？因此便被打倒，应读通全部《论语》才能明白。但单是用其书中材料来归纳是不够的，应读通全书，故释“仁”字，清不如宋。朱子释“仁”为“心之理，爱之德”。他用了数十年之精力，此是思想义理。

但如太重汉学，则成为科学的死头脑，便不会活用。而宋学家专懂义理的则头脑粗疏。现在人应兼讲，再发挥更进一步的成绩。但学考据之学较易，学宋学则更难。故吾人应兼讲。

清之考据与宋之义理，兼有两者仍不够。清人说：“积字而生句，积句而成篇章。”[1] 此话骤听是对，但一个字不止一种讲法，可有两种或十种讲法。

《易》有云：“女子贞不字，十年乃字。”此处“字”之意义是“出嫁”或“喂小孩奶”。“贞”是卜，“不字”即不会生小孩，要过十年才能生小孩。

所以说要懂全篇文章大意，再来解字，才可通。因字有不同的解法，这就是姚鼐所主倡的辞章之学。

《庄子》的文字，不同老子、孔子之作，有其文学技巧。不通文字，就不能通义理。

《离骚》又有所不同，先读而后将全书分成若干章，再分成句、字，才可明辞章，而后可明义理。中国最难读者为《庄子》与《离骚》两书。

戴东原重考据，但读书有三条件是必备的：一、

1 编按：语出《文心雕龙》，原话为“夫人之立言，因字而生句，积句而成章，积章而成篇”。

考据科学头脑；二、义理哲学思想；三、辞章文学眼光。清人重考据，故其他书均可注，唯独注不好《庄子》。注得最好的是《墨子注》，以及王先谦的《荀子集解》。但王先谦的《庄子集解》并不好，这是因为王氏只懂训诂考据，不懂《庄子》之辞章。但王的文学修养尚算好，他曾编《续古文辞类纂》。

清人尚有郭庆藩作《庄子集释》，但此书比王先谦的差；而桐城马其昶通伯作《庄子故》，比王先谦的要好。

我十七岁时读《庄子》，先爱其文章，初不明考据，后读宋明义理学诸集，后来撰《庄子纂笺》一书，采录了百家注疏，包括考据、义理和辞章，取舍得宜，简单扼要，且易明白。

《庄子》外篇之文，可附于各内篇之内。但外篇中亦有兼内篇之意者。

宋黄庭坚云："《庄子》内书七篇，法度甚严；二十六篇，解剥斯文耳。"

"逍遥游"者，东晋僧支遁曰："'逍遥'者，明至人之心也。"此即讲庄子之心境。

清郭嵩焘曰："《天下》篇庄子自言其道术，'充实不可以已，上与造物者游。'首篇曰逍遥游者，用其无端崖之词，以自喻也。"

清方潜曰："状大体大用也，无己故无体，无功无名故无用，是为大体大用，后六篇皆阐此旨。"

结合以上三条，至人之心是无己、无功、无名的，并非虚空的体，乃是充实的体。《逍遥游》曰：

北冥有鱼，其名为鲲。

陆德明注："北冥，北海也。"有鱼一定是海无疑。古代"溟"即"冥"，可通。"鲲"，音"昆"。李颐曰："鲲，大鱼也。"崔撰曰："当为鲸。"清王念孙："'见'声字多有大义。鲲是古"见"声字。故大鱼谓之鲲，大鸡谓之鹍。"明罗勉道曰："《尔雅》：'鲲，鱼子。'生下来的小鱼叫鲲。《尔雅》为古代之词典。《国语》：'鱼禁鲲鲕。'鱼即渔，不准捉小鱼。"明杨慎曰："庄子乃以至小为至大。便是滑稽之开端。"[1]

鲲之大，不知其几千里也。化而为鸟，其名为鹏。

崔撰："'鹏'，古'凤'字。"郭象曰："鹏鲲之实，吾所未详也。庄子大意，在乎逍遥游放放是游荡、放肆，与游同义，无为而自得。无所谓而有所得。达观之士读者

1 叶按：钱穆先生云，就文而论，此在平直处讲，不必由深处说。此处说鲲之大，故首句不必说大鱼。

要眼光大胸襟宽宜要其会归贯通其重要旨意为归宿而遗其所寄寄者，寓也，即寓言，遗是指可丢弃。不足事事曲与生说。”

鹏之背，不知其几千里也。怒而飞，其翼若垂天之云。是鸟也，海运则将徙于南冥。南冥者，天池也。

王筠曰：“古以‘弩’代‘努’古无“努”字，然当作‘怒’。并非生气地飞，是指用力飞，发怒并非逍遥游了。”司马彪曰：“若云垂天旁。”指鹏可挂在天边。“是鸟也”一句作顿，如人之透气，作文者了解到读者之心意要求也。“海运”指海转动，南宋林希逸云：“海动必有大风。今谚有‘六月海动’之语。”清王闿运云：“今飓风也。”“南冥者”一句，有把以上之句扯开之意，但读来不觉扯开。[1] 以上“北冥”指北海，“南冥”当然是南海了。可说是一个“天池”。

《齐谐》者，志怪者也。《谐》之言曰：鹏之徙于南冥也，水击三千里，抟扶摇而上者九万里，去以六月息者也。

《齐谐》是齐人讲笑话的书，齐东野人之语，东

1 叶按：钱穆先生说，作文章不能太老实。可以有玩弄之意。

部海边人爱说谐语，此书专讲怪事。有人说，齐谐是人名，姓齐名谐，此说并不可靠。简文[1]曰："齐谐，书也。"另有一说，罗勉道曰："齐谐者，齐人谐谑之言。孟子曰：'齐东野人之语'，则齐俗宜有此。""徙"是动词，到南冥并未尽意。崔撰曰："将飞举翼，击水踉跄。"[2]此处用"抟"，有人用"搏"，"抟"指圜飞而上也。[3]司马彪曰："上行风谓之扶摇风自下往上吹。"《尔雅》云："扶摇谓之飙。"罗勉道云："抟，随风圜转也。"成玄英曰："六月半岁。"另一说法指第六个月至天池而息。明陆长庚曰："息，气也。"并非休息。又清人曰："大块噫气为风。"此说息是气，气是风，即是等到六月起大风才起飞，与上说不同。[4]

野马也，尘埃也，生物之以息相吹也。天之苍苍，其正色邪？其远而无所至极邪？其视下也，亦若是则已矣！

郭象曰："野马，游气也。"天地间生物均以气在推

1 编按：简文，南朝梁简文帝萧统，精于文学。

2 叶按：钱穆先生云，将飞时举翼击水，不加踉跄二字，便横了。

3 叶按：钱穆先生云，水击，平飞而前也。

4 叶按：钱穆先生云，后说较安。

动，即天地间的气借着物在鼓动，正如飞机与空气互相压迫而飞。天之颜色苍苍，是其原来之气呢，抑天离我们远去而看来苍苍呢？野马与天之苍苍两事不相干。“其视下也”指鹏之视下，看到下面亦是苍苍，亦正如从下向上看。“野马也”至“其视下也”一段，描写“抟扶摇而上”一句。

且夫水之积也不厚，则其负大舟也无力。覆杯水于坳堂之上，则芥为之舟，置杯焉则胶。

坳即凹，坳堂即凹的地下。芥做成舟，因轻能浮起来，如放杯子在水中，则不能动，成为胶了。死的不会浮起，这是庄子的物理学，自然科学亦可进入文章中。

水浅而舟大也。风之积也不厚，则其负大翼也无力。故九万里，则风斯在下矣，而后乃今培风；背负青天，而莫之夭阏者，而后乃今将图南。

风愈到高处，力量愈大。即风在鹏之下，气能动而浮起它了。培者，冯音凭也，冯者，乘也。此清人之小学。作文章要学笨与重复。培风即乘风。背了青天而再没有东西可阻碍它了。图南即打算往南跑，此时尚在北海也。这种逍遥游并不省力吧！宋有陈抟老祖名叫图南。

蜩与学鸠笑之曰：我决起而飞，枪榆枋而止，时则不至，而控于地而已矣。

蜩是蝉，学鸠是鸴鸠，小鸟在旁看。枋是枌。读《庄子》《诗经》可懂生物之名。枪者，冲突也，指冲上树。控者，投也。时则不至，或许力量不够飞不到也。

奚以之九万里而南为？适莽苍者，三餐而反，腹犹果然；适百里者，宿舂粮；适千里者，三月聚粮。

“奚以之”即为的是什么？何以如此蠢，一定要向上九万里才往南呢？何不简单地决起而飞，向树上冲去就好了！适，去也。三顿干粮可回来了。吃饱了腹如果子一样，指去近途言。“宿舂粮”，今晚先要舂好米，因路远，要多带些粮食。

之二虫又何知！

二虫指的是上述的蜩与学鸠，它们不懂，它们只知去榆枋。鹏是由北海至南海。人在世上要能游不容易。要能有大活动，故庄子实在并不消极马虎，二虫才消极呢！但郭象说，鹏与二虫一样逍遥。二者之逍遥不同，郭象之说不妥。

小知不及大知，小年不及大年。奚以知其然也？

知得太少，生命不及人大，不知大生命。要有大知然后才逍遥。庄子并不轻视知识，乃嫌人知得太少，要有大知。

朝菌不知晦朔，蟪蛄不知春秋，此小年也。

古人有校勘之学，因古代是传抄，恐有抄错，故用另一本来校对。宋有木刻，此发明比原子弹伟大。宋版之有价值，因系第一次刻，北宋的较南宋的更有价值。《淮南子》是道家的，有引用《庄子》之文章，可校对原文。《淮南子》引“朝菌”“春秋”二句，系“朝秀不知晦朔”。高诱注，朝秀是朝生暮死之虫。但何以写“菌”？王引之曰，是“秀”字对。[1]《广雅》上有“朝蟏”，按王引之讲法，“菌”实是“秀”，这便是校勘学。清末的官书局，曾国藩请张文虎负责请好的

1 叶按：钱穆先生认为王引之说法不一定对，与《庄子》同时有《列子·汤问》篇：“朽壤之上有菌芝者，生于朝死于晦。”故用《列子》校，“菌”字亦可用，不必改。王引之不用《列子》之“菌”，因时人一向认为《列子》为伪书，但不一定全伪，故同时列出二种讲法。

校对，可以较细心地校对。陆德明云："朔，旦也。"照理，朔是初一，晦是每月最后一天。现曲笔借朔是早晨，晦是晚上，何以不用朔晦？以月底月初讲为妥，即今天不知明天为妥。此处只能用一月的月底、月初来表明。说其是旦暮的曲的用法，如不知早晚，但如生于早，它可知早上也。蟪蛄，寒蝉也，春生夏死，夏生秋死，故不知春秋。

楚之南有冥灵者，以五百岁为春，五百岁为秋；上古有大椿者，以八千岁为春，八千岁为秋。而彭祖乃今以久特闻，众人匹之，不亦悲乎？

李颐曰："冥灵者，木名。"罗勉道曰："冥灵，海龟。"龟为四灵之一。"八千岁为秋"句下，省去"此大年也"一句。"匹"，比也。彭祖也并不怎么了不得。"众人匹之"之"之"字难讲，"之"是"他"，但他是谁？很难讲，向来不加注，清末才有马通伯之注，"之"指彭祖不妥，不然"而"字应放在"众人"之前，故姚永概之注恐不妥。[1]

汤之问棘也是已。棘是人，是汤时贤人。等于不注，证明

1 叶按：钱穆先生之意，"之"字指冥灵、大椿也。

无法查考之意，不然，定会详细加注。穷发之北穷发即不生草之寒带，有冥海者，天池也。有鱼焉，其广数千里，未有知其修者，其名为鲲；有鸟焉，其名为鹏此指另有一鸟，非鹏也，背若泰山，翼若垂天之云，抟扶摇羊角而上者九万里，绝云气，负青天，然后图南，且适南冥也。斥鴳笑之曰：彼且奚适也？指大鸟飞去哪里？我腾跃而上，不过数仞而下，翱翔蓬蒿之间，此亦飞之至也。而彼且奚适也？此小大之辨也。

此段全文自开始至此，大意即是说人有等级大小，小的不了解大的，低的不了解高的。意思简单，但文章好。即小知识不知大知识。以下之文章，落到正题，是讲的人生问题，庄子有的文章有不写下去的，以下落入本题，讲正经话了。大意完了，尚有未尽之意。以下尚有数短篇补述之。庄子讲的是哲学，但用文学来表达，故人们不当作哲学来看。其实，如此讲道理，不是死讲。此乃讲小说，没有争论，你是否欣赏、喜欢，信不信由你，可能比讲哲学让人接受得更为痛快。与西方的三段论法不同，中国人的巧妙，讲到重点时不讲下去了，只略微讲一下，如打边鼓一般，只突然提醒一下，不要老讲正经话。

故夫知效一官、行比一乡、德合一君，而征一国者，其自视也，亦若此矣。

“故夫”为承上之意，有时用“故”一字已足。“夫”即这种、这样之意。“自视”即自己看自己，亦如小鸟看大鸟差不多。有人说，“比”即庇，其行为能远庇一地方，如一位地方官。“德合一君”，可比作一国之首相或行政院长。古代“而”字与“能”字通。“征”，信也。此段文章承上说而下，即自己认为了不得，但有比它更大的。

而宋荣子犹然笑之。

宋荣子，人名，可考据，如别书无此人，为假造。但此人他书亦有。即宋銒也。古书《月令》篇云：“腐草为萤。”但《吕氏春秋》写作“蚈”，音形。因为“蚈”与“萤”相通。所以“𤇾”与“幵”可相通，故荣与銒相通。宋荣子即宋銒也。此人在《孟子》书中也有，即宋牼，是当时的名学者。“犹然笑之”即仍是如此笑他们之意。笑是动词，形容笑，往往用“……然”两字，形容怒为“……然”怒之，意即像这样的笑（怒），又如油然起云。马其昶曰，“犹然”可能是

“逌然”。

且举世而誉之而不加劝，举世而非之而不加沮。定乎内外之分，辩乎荣辱之竟。

全世界称赞他，他不在乎，不加勉；全世界反对他，他也不在乎，不沮丧。这两句话最伟大，但不易做到。宋荣子便是此一类人。韩愈作《伯夷颂》，即是讲这两句话。应确定自己内外是有分别的。今日人将外边当作内部了。衣服破旧，羞耻在哪里呢？人说不好，自己觉得俗，自己的身价就没有了。

斯已矣！彼其于世，未数数然也。

宋荣子只如此而已啊！其修养境界只如此而已。庄子并不最佩服。这样子的人，对于人生，对于一官、一乡、一君、一国，并不数数然，汲汲然，在他并不当作一件事看。“数数”即“朔朔”，即汲汲然，此句乃讲其好。

虽然，犹有未树也。夫列子御风而行，泠然善也，旬有五日而后反。

他还有不能站立起来的地方，仍有所倚。此处另外再提出一人。御，坐车之貌，是一种轻妙的好。“旬有”即“旬又”，即可出去半个月才返，宋荣子仍在自己圈内，仍在世上定内外辨荣辱，但列子则超乎世界，御风而行。超人更伟大，宋荣子只能独立，而不能自由，列子却可以自由。

彼于致福者，未数数然也。

章太炎曰：“福，备也。”完备了，条件够矣。见《礼记》，福有顺之意。《礼记》云：“无所不顺之谓备。”“所”是无定代名词，没有什么事不顺当。御风而行，列子并非天天想要弄得顺风，并不要依自己定方向，乃是高兴正巧有一阵风来就去，并非急着想要去也。

此虽免乎行，犹有所待者也。若夫乘天地之正，而御六气之辩，以游无穷者，彼且恶乎待哉？

像列子的人生观，庄子说御风是寓言，真意是免乎行，不必计较一君一国。要等待顺风才行，则仍有等待，故仍不够高。他要等什么呢？要有什么条件呢？不必的，我们则等待机会、环境和条件。“乘”即“御”。风是气之一种，“六气”即阴阳风雨晦明。“辩”即古之“变”字，六气之变即天地之正，“正”

与“变”系同一物。阳作正，则阴为变；生是正，死是变；健是正，弱是变。逍遥游的第一个条件要免乎行。庄子之话，孔子亦如此说。孔子说：“君子无所入而不自得。”[1] 即任何环境均可有办法。这是无条件的，最自由的。这是庄子思想的最伟大处。京剧之伟大即没有背景，不受环境之束缚。今日之人，希望换过第二个环境，要换新鲜的环境。中国传统思想即不要背景，要能摆脱，能超脱，但今日的人，其身其家都是跳不出的躯壳。家是死的，社会亦不能变的，不必希冀有好的环境。还有时代也束缚我们，希望早生或迟生。京剧是超脱的，有布景是死的。中国文学是不具体的，到达了音乐的境界，是无痕迹的。古代的庄子哲学，后来的禅宗，即有超脱的伟大，已进入了文学艺术中去了，这有大影响，甚为伟大。如国画中的一幅山水画，有二人正在棋局中，二人已融化在大自然中。西方是具体的，中国则是抽象的。

故曰：至人无己，神人无功，圣人无名。

这是说至人不觉得有自己，神人则不觉得自己已

1 编按：语出《中庸》，原文为“君子无入而不自得焉”。

建了功，圣人则没有名。此三句是具体说来，是要做到无己无功无名。至少先要懂得以上三者，然后才来立功立德立名。

尧让天下于许由，曰："日月出矣，而爝火不息，其于光也，不亦难乎？时雨降矣，而犹浸灌，其于泽也，不亦劳乎？夫子立而天下治，而我犹尸之，吾自视缺然，请致天下。"许由曰："子治天下，天下既已治也，而我犹代子，吾将为名乎？名者，实之宾也，吾将为宾乎？

火炬在黑暗中发光，在日月中表现其光则难。有时雨却仍施灌溉，实在是多此一举了。已有理想人物把天下治理好了。尸者，居也。尧对许由说，有你许由治天下了，太阳已出而火把未灭；圣人已出，而我仍做皇帝，实在不妥当。我自觉有缺点，仍不满足，要请你许由出来。许由则说，今天下已治，何必要我出来代替呢？我接你的位是为了名吗？要我做个客人吗？其实是主人好。俞樾云，"宾"字为"实"字之误。

"鹪鹩巢于深林，不过一枝；偃鼠饮河，不过满腹。归休乎君，予无所用天下为！庖人虽不治庖，尸祝不越樽俎而代之矣！”

先生你归去休息吧！我要了天下没有什么用，要治天下呢，现在已治好了。厨师如果不管理厨房，要找一个代替者，叫作“代庖”。如要祭祀时，如祭父时，要请一人代其父，叫“尸”，尸与祝是在厨房吃东西的，但不能进厨房做菜。今有“越俎代庖”成语，典故即出于此。樽是喝酒用的，俎是切肉用的，喝酒有樽，古人席地而坐，樽俎均放在地上，“越樽俎”即站起来跨过樽俎想进入厨房代庖。此句之意是，即使你天下治理不好，我也不会起而代之的。邵康节云：“此君子思不出其位，素位而行之意。”总之，做什么就是什么，不要失去自己本分就好了。不丧失自己立场，素位而行，在什么位即行什么事。刘大櫆云：“此证圣人无名。”

肩吾问于连叔曰：“吾闻言于接舆，大而无当，往而不反。吾惊怖其言，犹河汉而无极也，大有径庭，不近人情焉。”

“大而无当”即所讲的话过于夸大，无边无底，当者，底也。“往而不反”，即话一说出口便不再回头。“河”指天河也。“径”是房子外面的路，“庭”是院子前面走的路，“径”与“庭”是隔绝的。他所讲的与普通人所讲的不同，不近人情也。

连叔曰：“其言谓何哉？指他讲的是什么话呢？”曰：“藐姑射之山，有神人居焉。肌肤若冰雪，淖约若处子，不食五谷，吸风饮露，乘云气，御飞龙，而游乎四海之外，其神凝，使物不疵疠而年谷熟。吾以是狂而不信也。”

中国古代文句作得短，故将一句分成两句。“藐姑射”两句，原是一长句。“肌肤”以下两句，看似整齐，却不十分整齐，如用“洁白如冰雪”则十分整齐了，但如对得太工整，则十分死板，中国的文学，要在工整中有活泼。“处子”即处女，即年轻女子。王船山之子王敔曰，我们只看“其神凝”三个字，一部《南华经》的大旨即在其中矣。乘云游四海是讲外，神凝是讲内，即一正一反也。可使一切东西不生疵疠，疵是皮肤病，使每年五谷长得很熟。“狂”即诳，指说谎。

连叔曰：“然。瞽者无以与乎文章之观，聋者无以与乎钟鼓之声。岂唯形骸有聋盲哉？夫知亦有之！是其言也，犹时女也。之人也，之德也，将旁礴万物以为一，世蕲乎乱，孰弊弊焉以天下为事！

文章要有文采，瞎子能拿什么去看？难道只有我们的肉体有聋瞎吗？这个知识上亦有聋瞎的呀！他这个话就是讲的你呀！你怎能懂他的话呢？“女”即古之“汝”。“之人也，之德也”一句即“他这个人之德”之意，“旁礴”即“混同”，“蕲”即期，祈求也。意即他哪里肯以天下为事，此节之意即：此种人看一切万物混同为一而无分别。

“之人也，物莫之伤。大浸稽天而不溺，大旱，金石流土山焦而不热。

这种人，外面无物可伤害他。大水来，涨到碰天也不会溺死，热到金石土山化成流体时，都烧不到他。“物莫之伤”以下两句，整齐而有变，如果“大旱”下用工整的“焦地而不热”，则修辞差了。

“是其尘垢秕糠，将犹陶铸尧舜者也。孰肯以物为事！”

此节之意是这个人的头皮屑、一口痰可以造成一位尧舜。文笔至此，痛快之至。他还会来管世界吗？当然不要管了。此段话即讲的神人无功。神人还要做什么事业呢？[1]

（此篇为钱穆先生1955年于香港九龙桂林街
新亚书院讲《庄子》时之首讲）

---

1 编按：因年代久远，笔记保存不易，此篇讲演疑似有脱文，敬请读者见谅。

出版说明

《钱穆学术文化九讲》是“钱穆讲述、叶龙整理”系列图书的第三本。前两本——《中国文学史》《中国通史》出版后，均受到了读者的关注和好评，我们在此基础上又推出了这本“学术文化九讲”。

这本讲演集，辑选了钱穆先生在香港、台湾等地的九次讲演，涵盖学术思想、历史、文学、政治、经济、文化等诸方面。各篇互为补充，既有宏观上对文化历史的梳理，亦有断代研究的案例，以及学术史个案研究的展示。每篇讲演后均注明讲演的时间与地点，以备查考。

读者如能从书中了解钱穆先生的治学轨迹，明察钱穆先生学问体系之庞大精细，体悟钱穆先生对中华文化始终抱持的敬意，则不失为一桩乐事。

因是随堂笔录，书稿于钱穆先生个性化的语言风格和率性之语多予以保留，力求忠实地重现讲演的实况。又因每次讲演的听众不同，有在校的学生，亦有社会人士，钱穆先生因材施教，故虽宏观大旨一以贯之，但各次所讲深浅不

一、用语有所不同，我们仍最大限度地保留原貌，祈望读者明察。

在本书的编校过程中，我们进行了大量的查证、核对工作。同时，北京大学资深编审胡双宝先生校读了全书，并提出了宝贵的编校意见。即便如此，恐仍难免疏漏、错讹，敬请广大读者和有识之士不吝赐教。